何でも韓国語で言ってみる!

シンプル韓国語 フレーズ1500

音声DL版

李恩周

JN002895

高橋書店

はじめに

アンニョンハセヨ？　最近は日本にいても、まるで韓国にいるように感じるときがあります。街頭の大きな看板にはK-POPアイドルのポスターが貼られ、テレビでは韓国のドラマが放送されています。韓国料理が食べられる飲食店も増え、スーパーやコンビニでも気軽に韓国の食べ物や食材が買えるようになりました。先日、日本人と韓国人のカップルが増えているという話を聞いて、あらためて日本と韓国は本当に近い国であると実感しました。

みなさんが思っている以上に、日本と韓国は似ているところがあります。そのひとつが「言葉」です。文法や発音が日本語と近いので、日本人にとって韓国語はとても学びやすい言語です。ぜひ今日から、本書のフレーズを覚えて、友だちや恋人に使ってみませんか。

本書では、旅先で使えるフレーズから韓国での日常生活に必要なものまで、さまざまな場面で使えるリアルなフレーズをできるだけシンプルにわかりやすくまとめました。

ハングルが読めない方でもすぐに話せるように、リアルな発音をカタカナで表記してあります。また、日本語にはない韓国語に特有の表現には、フレーズといっしょに解説が加えてあります。

本書を通して読者のみなさんが韓国語、韓国という国にますます興味を持ち、より身近に感じられるように心から願っております。

著者

この本の使い方

　本書は、イントロダクションの「韓国語の基本」から始まり、「あいさつ・定番表現」「気もちを伝える」「旅行・滞在」「買いもの・グルメ」「エンタメ・遊び」「恋愛・人生」「社会・自然」の7つの章で構成されています。あいさつや自己紹介、感情表現など、韓国語でのコミュニケーションで必須となる定番フレーズはもちろん、K-POPやドラマなど現地のエンターテインメントを楽しむときにも役立つ表現を多数紹介しています。

　韓国でも、日本でも、韓国語でコミュニケーションをとる際に役立つ便利なフレーズ集です。

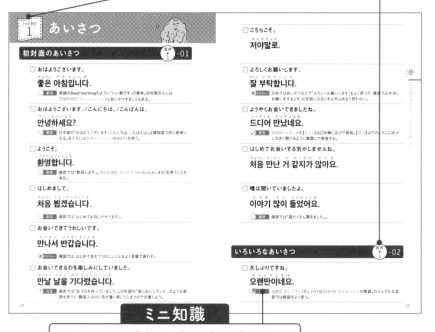

メインページ

テーマ
日常や旅行などで役立つ33のテーマに分け、さらに細かいシチュエーション別にフレーズを収録しています。

音声マーク
日本語と韓国語の音声を収録しています。ダウンロードの方法はカバー折返し部分をご参照ください。

THEME 1　あいさつ

初対面のあいさつ　音声① -01

☐ おはようございます。
좋은 아침입니다.
チョウン アチミムニダ
表現　英語のGood morningのように「いい朝です」の意味。初対面の人には안녕하세요?アンニョンハセヨとあいさつすることもある。

☐ おはようございます。/こんにちは。/こんばんは。
안녕하세요?
アンニョンハセヨ
表現　日本語の「おはようございます、こんにちは、こんばんは」は韓国語で同じ表現になる。友だちには안녕アンニョン(おはよう)を使う。

☐ ようこそ。
환영합니다.
ファニョンハムニダ
表現　直訳では「歓迎します」。어서오세요 オソオセヨ(いらっしゃいませ)を使うこともある。

☐ はじめまして。
처음 뵙겠습니다.
チョウム ブェッケッスムニダ
表現　直訳では「はじめてお目にかかります」。

☐ お会いできてうれしいです。
만나서 반갑습니다.
マンナソ パンガッスムニダ
カルチャー　韓国では、はじめて会えてうれしいことをよく言葉で表わす。

☐ お会いできるのを楽しみにしていました。
만날 날을 기다렸습니다.
マンナル ナルル キダリョッスムニダ
注意　直訳で「会う日を待っていました」。日本語の「楽しみにした」のような表現を使うと、韓国人は少し気が重く感じてしまうので注意しよう。

☐ こちらこそ。
저야말로.
チョヤマロ

☐ よろしくお願いします。
잘 부탁합니다.
チャル プタカムニダ
★カルチャー　日本であいさつなどで「よろしくお願いします」をよく使うが、韓国では本当にお願いをするとき、お世話になるとき以外は使わない。

☐ ようやくお会いできましたね。
드디어 만났네요.
トゥディオ マンナンネヨ
発音　드디어 トゥディオの[ドト]は口を横に広げて発音。[어 オ]はアのような口を少し大きく開くように意識して発音する。

☐ はじめてお会いする気がしませんね。
처음 만난 거 같지가 않아요.
チョウム マンナン ゴ カッチガ アナヨ

☐ 噂は聞いていましたよ。
이야기 많이 들었어요.
イヤギ マニ トゥロッソヨ
表現　直訳では「話たくさん聞きました」。

いろいろなあいさつ　音声① -02

☐ 久しぶりですね。
오랜만이네요.
オレンマニネヨ
表現　오랜만 オレンマン(久しぶり)は오래간만 オレガンマンの略語。カジュアルな会話では略語をよく使う。

ミニ知識
フレーズによっては「プラスα」「文法」「表現」「カルチャー」「発音」「注意」など、6種類の役立つ情報を紹介しています。

現地で使えるリアルなフレーズが盛りだくさん！

イラストページ

楽しいイラストでテーマに関わる単語を紹介。いろんなフレーズのバリエーションを覚えちゃおう。

なりきりミニ会話ページ

韓国でしゃべっても違和感のないリアルな会話の流れを再現。相手のフレーズもわかるので、コミュニケーション力がアップ！

KOREA REPORT

レアな韓国情報が満載のコラム。韓国で注意したほうがよい上下関係から住居、美容情報まで幅広い内容を紹介。韓国旅行がますます楽しくなりそう！

CONTENTS

INTRO DUCTION **韓国語の基本**

CHAPTER 1 **あいさつ・定番表現**

THEME 1
あいさつ 01-07

THEME 2
基本の表現 08-14

THEME 3
自己紹介 15-22

CHAPTER 2 **気もちを伝える**

THEME 4
感情表現 23-30

THEME 5
容姿・人柄 31-33

CHAPTER 5 エンタメ・遊び

CHAPTER 6 恋愛・人生

CHAPTER 7 社会・自然

COLUMN

KOREA REPORT

		基本母音								
		ㅏ a	ㅑ ya	ㅓ o	ㅕ yo	ㅗ o	ㅛ yo	ㅜ u	ㅠ yu	ㅡ u	ㅣ i
基本子音	ㄱ k/g	가 カ	갸 キャ	거 コ	겨 キョ	고 コ	교 キョ	구 ク	규 キュ	그 ク	기 キ
	ㄴ n	나 ナ	냐 ニャ	너 ノ	녀 ニョ	노 ノ	뇨 ニョ	누 ヌ	뉴 ニュ	느 ヌ	니 ニ
	ㄷ t/d	다 タ	댜 ティャ	더 ト	뎌 ティョ	도 ト	됴 ティョ	두 トゥ	듀 ティュ	드 トゥ	디 ティ
	ㄹ r/l	라 ラ	랴 リャ	러 ロ	려 リョ	로 ロ	료 リョ	루 ル	류 リュ	르 ル	리 リ
	ㅁ m	마 マ	먀 ミャ	머 モ	며 ミョ	모 モ	묘 ミョ	무 ム	뮤 ミュ	므 ム	미 ミ
	ㅂ p/b	바 バ	뱌 ビャ	버 ボ	벼 ビョ	보 ボ	뵤 ビョ	부 ブ	뷰 ビュ	브 ブ	비 ビ
	ㅅ s	사 サ	샤 シャ	서 ソ	셔 ショ	소 ソ	쇼 ショ	수 ス	슈 シュ	스 ス	시 シ
	ㅇ 無音/ng	아 ア	야 ヤ	어 オ	여 ヨ	오 オ	요 ヨ	우 ウ	유 ユ	으 ウ	이 イ
	ㅈ ch/j	자 チャ	쟈 チャ	저 チョ	져 チョ	조 チョ	죠 チョ	주 チュ	쥬 チュ	즈 チュ	지 チ
	ㅎ h	하 ハ	햐 ヒャ	허 ホ	혀 ヒョ	호 ホ	효 ヒョ	후 フ	휴 ヒュ	흐 フ	히 ヒ
激音	ㅋ k	카 カ	캬 キャ	커 コ	켜 キョ	코 コ	쿄 キョ	쿠 ク	큐 キュ	크 ク	키 キ
	ㅌ t	타 タ	탸 ティャ	터 ト	텨 ティョ	토 ト	툐 ティョ	투 トゥ	튜 ティュ	트 トゥ	티 ティ
	ㅍ p	파 バ	퍄 ビャ	퍼 ボ	펴 ビョ	포 ボ	표 ビョ	푸 ブ	퓨 ビュ	프 ブ	피 ビ
	ㅊ ch	차 チャ	챠 チャ	처 チョ	쳐 チョ	초 チョ	쵸 チョ	추 チュ	츄 チュ	츠 チュ	치 チ
濃音	ㄲ kk	까 ッカ	꺄 ッキャ	꺼 ッコ	껴 ッキョ	꼬 ッコ	꾜 ッキョ	꾸 ック	뀨 ッキュ	끄 ック	끼 ッキ
	ㄸ tt	따 ッタ	땨 ッティャ	떠 ット	뗘 ッティョ	또 ット	뚀 ッティョ	뚜 ットゥ	뜌 ッティュ	뜨 ットゥ	띠 ッティ
	ㅃ pp	빠 ッバ	뺘 ッビャ	뻐 ッボ	뼈 ッビョ	뽀 ッボ	뾰 ッビョ	뿌 ッブ	쀼 ッビュ	쁘 ッブ	삐 ッビ
	ㅆ ss	싸 ッサ	쌰 ッシャ	써 ッソ	쎠 ッショ	쏘 ッソ	쑈 ッショ	쑤 ッス	쓔 ッシュ	쓰 ッス	씨 ッシ
	ㅉ cch	짜 ッチャ	쨔 ッチャ	쩌 ッチョ	쪄 ッチョ	쪼 ッチョ	쬬 ッチョ	쭈 ッチュ	쮸 ッチュ	쯔 ッチュ	찌 ッチ

合成母音

ㅐ e	ㅒ ye	ㅔ e	ㅖ ye	ㅘ wa	ㅙ we	ㅚ we	ㅝ wo	ㅞ we	ㅟ wi	ㅢ ui	
개 ケ	걔 キェ	게 ケ	계 キェ	과 クァ	괘 クェ	괴 クェ	궈 クォ	궤 クェ	귀 クィ	긔 クィ	基本子音
내 ネ	냬 ニェ	네 ネ	녜 ニェ	놔 ヌァ		뇌 ヌェ	눠 ヌォ	눼 ヌェ	뉘 ヌィ	늬 ヌィ	
대 テ		데 テ	뎨 ティェ	돠 トゥァ	돼 トゥェ	되 トゥェ	둬 トゥォ	뒈 トゥェ	뒤 トゥィ	듸 トゥィ	
래 レ		레 レ	례 リェ	롸 ルァ		뢰 ルェ	뤄 ルォ	뤠 ルェ	뤼 ルィ		
매 メ		메 メ	몌 ミェ	뫄 ムァ		뫼 ムェ	뭐 ムォ	뭬 ムェ	뮈 ムィ		
배 ペ		베 ペ	볘 ビェ	봐 ブァ	봬 ブェ	뵈 ブェ	붜 ブォ	붸 ブェ	뷔 ブィ		
새 セ	섀 シェ	세 セ	셰 シェ	솨 スァ	쇄 スェ	쇠 スェ	숴 スォ	쉐 スェ	쉬 シュィ		
애 エ	얘 イェ	에 エ	예 イェ	와 ワ	왜 ウェ	외 ウェ	워 ウォ	웨 ウェ	위 ウィ	의 ウィ	
재 チェ	쟤 チェ	제 チェ		좌 チュア	좨 チェ	죄 チェ	줘 チュオ	줴 チェ	쥐 チュィ		
해 ヘ		헤 ヘ	혜 ヒェ	화 ファ	홰 フェ	회 フェ	훠 フォ	훼 フェ	휘 フィ	희 フィ	
캐 ケ		케 ケ	켸 キェ	콰 クァ	쾌 クェ	쾨 クェ	쿼 クォ	퀘 クェ	퀴 クィ		激音
태 テ		테 テ	톄 ティェ	톼 トゥァ	퇘 トゥェ	퇴 トゥェ	퉈 トゥォ	퉤 トゥェ	튀 トゥィ	틔 トゥィ	
패 ペ		페 ペ	폐 ピェ	퐈 ファ		푀 フェ	풔 フォ		퓌 フィ		
채 チェ		체 チェ		촤 チュア		최 チェ	춰 チュオ	췌 チェ	취 チュィ		
깨 ッケ		께 ッケ	꼐 ッキェ	꽈 ックァ	꽤 ックェ	꾀 ックェ	꿔 ックォ	꿰 ックェ	뀌 ックィ		濃音
때 ッテ		떼 ッテ		똬 ットゥァ	뙈 ットゥェ	뙤 ットゥェ	뚸 ツウォ	뛔 ットゥェ	뛰 ットゥィ	띄 ットゥィ	
빼 ッペ		뻬 ッペ				뾔 ッフェ					
쌔 ッセ		쎄 ッセ		쏴 ッスァ	쐐 ッスェ	쐬 ッスェ	쒀 ッスォ	쒜 ッスェ	쒸 ッシュィ	씌 ッスィ	
째 ッチェ		쩨 ッチェ		쫘 ッチュア	쫴 ッチェ	쬐 ッチェ	쭤 ッチュオ		쮜 ッチュィ		

★空欄に入る文字は理論上は存在しますが、実際には使われません

デザイン	小口翔平＋岩永香穂＋谷田優里(tobufune)
DTP	（有）エムアンドケイ
イラスト	ミヤタチカ
韓国語ナレーション	イ・ホンボク、イ・ウンジュ
日本語ナレーション	渋谷慧、東城未来
録音	ユニバ合同会社
校正	（株）ぷれす
編集協力	円谷直子

韓国語の基本

韓国語の基本について

15世紀、庶民のために作られた文字ハングル

「ハングル」は韓国語を表記するために使う文字の総称です。ハングルができるまで、朝鮮半島では中国から伝来した漢字を使用していました。しかし、漢字は庶民にとって難しく、文字を読み書きできるのは一部の人たちだけでした。そこで、当時の王さま、世宗大王（セジョンデワン）が、庶民でも使いやすい訓民正音を作り、20世紀に入ってからハングルと呼ばれるようになりました。現在では漢字はあまり使われず、人名や地名も含めてハングルで表記するのが一般的です。

語順が日本語と似ている

韓国語では主語が最初で述語が最後。英語と違って、韓国語の語順は日本語に似ているといわれます。

例

私は　　会社員　です。
チョ ヌン フェ サ ウォンイム ニ ダ
저는 회사원입니다.
主語　　　　　　　述語

POINT 2 文字の仕組みがローマ字と似ている

ハングルは、基本母音10個と子音19個があり、それをローマ字のように組み合わせて発音します。

例

[ヨコの組み合わせ]

Ka▶カ

[タテの組み合わせ]

Ko▶コ

[もう1つの子音（パッチム）の組み合わせ]

Kan▶カン

Kuk▶クク

POINT 3 漢字が使われている

韓国語には漢字語（漢字が元になっている単語）といわれる単語がたくさんあり、日本語と発音が似ています。

例

ヤク ソク
약속
（約束）

カ ジョク
가족
（家族）

カン タン
간단
（簡単）

ム リョ
무료
（無料）

基本母音10個

韓国語の基本の10個の母音です。無音の子音oを組み合わせて紹介します。

ア **아**	日本語の「ア」 例 아이 アイ(子ども)	ウ **우**	日本語の「ウ」 例 우유 ウユ(牛乳)
ヤ **야**	日本語の「ヤ」 例 아야 アヤ(痛いっ)	ユ **유**	日本語の「ユ」 例 여유 ヨユ(余裕)
オ **어**	口を縦に大きく開けて「オ」 例 어디 オディ(どこ) 日本語にない音	オ **오**	日本語の「オ」 例 오이 オイ(きゅうり)
ヨ **여**	口を縦に大きく開けて「ヨ」 例 여우 ヨウ(きつね) 日本語にない音	ヨ **요**	日本語の「ヨ」 例 요요 ヨヨ(ヨーヨー)
イ **이**	日本語の「イ」 例 이 イ(歯)	ウ **으**	唇を横に引いて「ウ」 例 으아 ウア (驚いたときの感嘆詞) 日本語にない音

基本子音10個

韓国語の基本の子音10個です。母音の ㅏ をつけて紹介します。

カ **가** ★	日本語の「カ行」の音。語中では濁って「ガ行」になる 例 고기　コギ(肉)	パ **바**	日本語の「パ行」の音。語中では濁って「バ行」になる 例 바나나　パナナ(バナナ)
ナ **나**	日本語の「ナ行」の音 例 나이　ナイ(歳)	サ **사**	日本語の「サ行」の音 例 버스　ポス(バス)
タ **다**	日本語の「タ行」の音。語中では濁って「ダ行」になる 例 다리　タリ(足、橋)	ア **아**	音のない子音。母音の音をそのまま発音する 例 어머니　オモニ(お母さん)
ラ **라**	日本語の「ラ行」の音 例 라디오　ラディオ(ラジオ)	チャ **자**	日本語の「チャ行」の音。語中では濁って「ジャ行」になる 例 아버지　アボジ(お父さん)
マ **마**	日本語の「マ行」の音 例 머리　モリ(頭・髪)	ハ **하**	息を強く吐きながら発音する「ハ行」の音 例 하나　ハナ(1つ)

★横に母音がきた場合は「フ」のように曲げて書くが、下に母音がきた場合は「ㄱ」のようにまっすぐ書く

17

激音・濃音

子音には基本子音のほかに激音4個と濃音5個があります。
発音と形は基本子音を応用したものです。母音ㅏをつけて紹
介します。

激音 平音より息を強く吐き出して発音

濃音 平音の前に「ッ」をつけて詰まったように発音

平音	カ 가	タ 다	パ 바
激音	カ 카 激しい「カ」	タ 타 激しい「タ」	パ 파 激しい「パ」
濃音	ッカ 까 「まっか」の「ッカ」	ッタ 따 「めったに」の「ッタ」	ッパ 빠 「かっぱ」の「ッパ」

平音	サ 사	チャ 자
激音		チャ 차 激しい「チャ」
濃音	ッサ 싸 「あっさり」の「ッサ」	ッチャ 짜 「まっちゃ」の「ッチャ」

合成母音

合成母音は基本母音を組み合わせた形で、11個あります。

エ **애** ㅏ+ㅣ	日本語の「エ」 例 개 ケ(犬)	**에** ㅓ+ㅣ	日本語の「エ」 例 게 ケ(カニ)
イェ **애** ㅑ+ㅣ	日本語の「イェ」 例 얘기 イェギ(話)	**예** ㅕ+ㅣ	日本語の「イェ」 例 예 イェ(はい)
ウェ **외** ㅗ+ㅣ	日本語の「ウェ」 例 뇌 ヌェ(脳)	**왜** ㅗ+ㅐ	日本語の「ウェ」 例 왜 ウェ(なぜ)
웨 ㅜ+ㅔ	日本語の「ウェ」 例 웨이터 ウェイト (ウェイター)		
ワ **와** ㅗ+ㅏ	日本語の「ワ」 例 과자 クァジャ (菓子)	ウォ **워** ㅜ+ㅓ	日本語の「ウォ」 例 더워요 トゥォヨ (暑いです)
ウィ **위** ㅜ+ㅣ	日本語の「ウィ」 例 위 ウィ(上)	**의** ㅡ+ㅣ	唇を横に引いて「ウィ」 例 의사 ウィサ(医者)

パッチム

母音と子音の組み合わせの下に、もう1つ子音がくることがあります。これをパッチムといいます。パッチムにはいろいろな形がありますが、発音は7つです。

発音	パッチムの種類	単語
k	ㄱ ㄲ ㅋ 舌を下げたまま、つまる音を出す	ヤクソク **약속** （約束）　マクコルリ **막걸리** （マッコリ）
t	ㄷ ㅈ ㅌ ㅊ ㅅ ㅎ ㅆ 日本語のつまる音のように 舌を上に上げてから下げる	ッコッ **꽃** （花）　チョッカラク **젓가락** （箸）
n	ㄴ 舌は歯茎の後ろに置いて発音	ペン **팬** （ファン）　エイン **애인** （恋人）
ng	ㅇ 舌を下げたままにして鼻音	パン **방** （部屋）　ネンミョン **냉면** （冷麺）
m	ㅁ 口を閉じる	キム **김** （のり）　キムチ **김치** （キムチ）
p	ㅂ ㅍ 口を閉じて開ける	パプ **밥** （ご飯）　チガプ **지갑** （財布）
l	ㄹ 舌を曲げる	スル **술** （酒）　パル **발** （足）

CHAPTER 1

あいさつ・定番表現

THEME 1 あいさつ

初対面のあいさつ

 音声 1-01

☐ **おはようございます。**

チョウン アチミムニダ
좋은 아침입니다.

😊 **表現** 英語のGood morningのように「いい朝です」の意味。初対面の人には안녕하세요? アンニョンハセヨとあいさつすることもある。

☐ **おはようございます。/こんにちは。/こんばんは。**

アンニョンハセヨ
안녕하세요?

😊 **表現** 日本語の「おはようございます、こんにちは、こんばんは」は韓国語で同じ表現になる。友だちには안녕 アンニョン(おはよう)を使う。

☐ **ようこそ。**

ファニョンハムニダ
환영합니다.

😊 **表現** 直訳では「歓迎します」。어서오세요 オソオセヨ(いらっしゃいませ)を使うこともある。

☐ **はじめまして。**

チョウム ブェプケッスムニダ
처음 뵙겠습니다.

😊 **表現** 直訳では「はじめてお目にかかります」。

☐ **お会いできてうれしいです。**

マンナソ バンガプスムニダ
만나서 반갑습니다.

⭐ **カルチャー** 韓国では、はじめて会えてうれしいことをよく言葉で表わす。

☐ **お会いできるのを楽しみにしていました。**

マンナル ナルル キダリョッスムニダ
만날 날을 기다렸습니다.

❗ **注意** 直訳では「会う日を待っていました」。日本語の「楽しみにしていた」のような表現を使うと、韓国人は少し気が重く感じてしまうので注意しよう。

22

- [ ] こちらこそ。

저야말로.
チョヤマルロ

- [ ] よろしくお願いします。

잘 부탁합니다.
チャル ブ タ カ ム ニ ダ

★カルチャー 日本ではあいさつなどで「よろしくお願いします」をよく使うが、韓国では本当に お願いをするとき、お世話になるとき以外はあまり使わない。

- [ ] ようやくお会いできましたね。

드디어 만났네요.
トゥディオ マンナンネヨ

♪ 発音 드디어 トゥディオの【드 トゥ】は口を横に広げて発音。【어 オ】はアのように口を少 し大きく開けるように意識して発音する。

- [ ] はじめてお会いする気がしませんね。

처음 만난 거 같지가 않아요.
チョウム マンナン ゴ カッチガ アナヨ

- [ ] 噂は聞いていましたよ。

이야기 많이 들었어요.
イ ヤ ギ マ ニ トゥロッソヨ

☺ 表現 直訳では「話たくさん聞きました」。

いろいろなあいさつ

音声 1 -02

- [ ] 久しぶりですね。

오랜만이네요.
オ レ ン マ ニ ネ ヨ

🕒 文法 오랜만 オレンマン(久しぶり)は오래간만 オレガンマンの略語。カジュアルな会 話では略語をよく使う。

☐ ご無沙汰しております。

オレットンアン ヨルラク モッ トゥリョッスムニダ
오랫동안 연락 못 드렸습니다.

😊 **表現** 直訳では「しばらく連絡できませんでした」。連絡は【열락 ヨルラク】と発音。

☐ お元気ですか？

チャル チ ネ セ ヨ
잘 지내세요?

😊 **表現** よりカジュアルな表現だと잘 지내요? チャル チネヨ(元気ですか?)。ため口では
잘 지내? チャル チネ(元気?)。

☐ どうも！

アンニョンハセヨ
안녕하세요?

😊 **表現** 日本語の「どうも」にぴったり合う韓国語はない。ここでは「こんにちは」の言葉
が使われている。感謝するときの表現では감사합니다 カムサハムニダ(ありがとう
ございます)という韓国語を使う。

☐ お変わりありませんか？

ビョルリル オ プ ス シ ジョ
별일 없으시죠?

🎵 **発音** 별일は【별릴 ビョルリル】と発音。「変わったこと、無事」の意味。

☐ 最近どうですか？

ヨジュム オッテヨ
요즘 어때요?

☐ ご飯食べましたか？

パム モ ゴ ッ ソ ヨ
밥 먹었어요?

⭐ **カルチャー** 韓国では食事の文化を大切にしているため、食事について聞く機会が多い。こ
こではあいさつの代わりに使っていて、食事に誘っているわけではない。

☐ 相変わらずですね。

ク デ ロ ネ ヨ
그대로네요.

💡 **プラスα** 변함없네요 ビョナモムネヨ＝変わりないですね

○ やせましたか?

살 빠졌어요?
_{サル ッパジョッソヨ}

😊 **表現** 対義語は살 쪘어요? サルッチョッソヨ(太りましたか?)。

○ なんかいいことあった?

뭔가 좋은 일이라도 있었어?
_{ムォンガ チョウン ニ リ ラ ド イッソッソ}

い
ろ
い
ろ
な
あ
い
さ
つ

○ なんでわかったの?

어떻게 알았어?
_{オットケ アラッソ}

😊 **表現** 直訳では「どうやってわかったの?」。

○ ううん、別に。

응, 특별히.
_{ウン トゥクピョリ}

○ いいお天気ですね!

날씨 좋네요!
_{ナルッシ チョンネヨ}

😊 **表現** 直訳では「天気がいいですね」。

○ 私のこと、わかりますか?

저 아시겠어요?
_{チョ ア シ ゲッソ ヨ}

💡 **プラスα** 기억하세요? キオカセヨ=覚えていますか?

○ 連絡くれてうれしかった!

연락 받고 기뻤어!
_{ヨルラク パッコ キッポッソ}

😊 **表現** 直訳では「連絡もらってうれしかった!」。

25

☐ 行ってきます。

タニョオゲッスムニダ
다녀오겠습니다.

😊 表現　かしこまった表現で自分より年上の人に使う。カジュアルなていねい語だと
다녀올게요 タニョオルケヨ。ため口では다녀올게 タニョオルケ。

☐ 行ってらっしゃい。

タニョオセヨ
다녀오세요.

😊 表現　かしこまった表現で自分より年上の人に使う。カジュアルなていねい語だと
다녀와요 タニョワヨ。ため口では다녀와 タニョワ。

☐ ただいま。

タニョワッスムニダ
다녀왔습니다.

💡 プラスα　ていねいな表現で使われる。同じ「ただいま」の意味で、カジュアルな저 왔어요
チョ ワッソヨ(私、来ましたよ)、나 왔어 ナ ワッソ(私、来たよ)を日常ではよく使う。

☐ おかえり。

タニョワッソ
다녀왔어?

💡 プラスα　年上の人には다녀오셨어요? タニョオショッソヨ(おかえりなさい)を使う。ため口
では 왔어? ワッソ(来た?)。

☐ おやすみなさい。

アンニョンヒ　チュムセヨ
안녕히 주무세요.

😊 表現　カジュアルな表現では잘 자 チャル ジャ(おやすみ)。「夢でも会いたい」という意
味で내 꿈 꿔 ネックムックォ(私の夢を見てね)という言い方もある。

☐ 前に会ったことありますよね?

チョネ　マンナン　ジョク　イッソッチョ
전에 만난 적 있었죠?

☐ 元気そうですね。

チョア　ボイネヨ
좋아 보이네요.

😊 表現　直訳では「よく見えますね」。

音声 1 -03

なりきりミニ会話

☐ おはよう(来たよ)。
ワッソ
왔어.

ユミ

待ち合わせ

ソヨン
☐ おはよう(来たの?)。
ワッソ
왔어?

☐ 今日何する?
オヌル ムォ ハジ
오늘 뭐 하지?

ユミ

ソヨン
☐ 洋服見に行こうよ!
オッ ボロ カジャ
옷 보러 가자!

☐ いいね!
チョンネ
좋네!

ユミ

ソヨン
☐ 行こう!
カジャ
가자!

27

別れ

音声 1 -04

☐ じゃあまたね。

그럼 또 보자.
クロム ット ボジャ

😊 **表現** 直訳では「ではまた会おう」。

☐ バイバイ。

안녕.
アンニョン

😊 **表現** おはようのあいさつでも、別れるときのあいさつでも使える表現。

☐ 元気でね。

잘 지내.
チャル チ ネ

😊 **表現** 直訳では「よく過ごしてね」。

☐ 今度はいつ会える?

다음에 언제 만날 수 있어?
タ ウ メ オンジェ マンナル ス イッソ

📖 **文法** 「今度」は이번에 イボネ(今回に)、다음에 タウメ(次回に)を分けて使う。ここでは「次回」の意味なので다음에 タウメ。

☐ また会えるのを楽しみにしています。

또 만나요.
ット マンナヨ

😊 **表現** 直訳では「また会いましょう」。韓国語で「楽しみにしている」を使うと、期待されているようで少し気が重く感じることも。

☐ 連絡するね。

연락할게.
ヨ ル ラ カ ル ケ

💡 **プラスα** 문자 할게 ムンチャ ハルケ=(携帯)メールするね。톡 할게 ト カルケ=カカオトークするね

28

○ また明日。

내일 보자.
ネイル ボジャ

> (・_・) 表現　直訳では「明日会おう」。

○ さようなら。

안녕히 가세요.
アンニョンヒ カセヨ

> (・_・) 表現　直訳では「安寧に行ってください」の意味で、その場を立ち去る人に対して使う表現。その場にとどまる人に対して使う表現は안녕히 계세요 アンニョンヒ ケセヨ（安寧にいてください）。

お礼・感謝

音声 1 -05

○ ありがとうございます。

감사합니다.
カムサハムニダ

> (💡) プラスα　カジュアルな表現だと고마워요 コマウォヨ（ありがとうございます）。ため口では고마워 コマウォ（ありがとう）。

○ 今度ぜひお礼をさせてください。

다음에 꼭 한턱 낼게요.
タ ウ メ ッコク ハントン ネルケヨ

> (・_・) 表現　直訳では「次回に必ずいっぱいおごります」。

○ ゆみさんのおかげです。

유미 씨 덕분이에요.
ユ ミ ッシ トゥプ ニ エ ヨ

> (・_・) 表現　かしこまった表現では、～덕분입니다 トゥプニムニダ（～のおかげです）という。

○ 大変お世話になりました。

신세 많이 졌습니다.
シンセ マ ニ チョッスムニダ

> (★) カルチャー　日本のようにあいさつの代わりに使うことはほとんどなく、本当にお世話になったときや、お世話になった人と別れてしばらく会えないときに使う言葉。

29

☐ ほんの気もちです。

チェ マウミムニダ
제 마음입니다.

😊 **表現** 直訳では「私の心(気もち)です」。

☐ どういたしまして。

チョンマネヨ
천만에요.

💡 **プラスα** 年上の人には、별 말씀을요 ピョル マルッスムルリョ=そんなお言葉はもったいないです(直訳:たいしたお言葉です)を使う。

☐ 気にしないで!

シンギョン ッスジ マセヨ
신경 쓰지 마세요!

😊 **表現** 直訳では「神経を使わないでください」。

おわび

☐ **申し訳ありません。**

チェソンハムニダ
죄송합니다.

💡 **プラスα** 사과드립니다 サグァドゥリムニダ=謝罪いたします、お詫びいたします

☐ **すみません。**

ミアナムニダ
미안합니다.

💡 **プラスα** 미안 ミアン=ごめん

☐ **許していただけますか?**

ヨンソヘ ジュシゲッソヨ
용서해 주시겠어요?

💡 **プラスα** 잘못했습니다 チャルモテッスムニダ=悪かったです(直訳:過ち、まちがいをしました)

☐ 言い訳もできません。

ピョンミョンド　モ　タゲッソヨ
변명도 못 하겠어요.

☐ いいえ (気にしないでください)。

ア　ニ　エ　ヨ
아니에요.

おわび／あいづち

💡 **プラスα** 괜찮아요 クェンチャナヨ＝大丈夫です

☐ 今回だけだよ。

イ　ボン　マ　ニ　ャ
이번만이야.

☐ しょうがないね。

オッチョル　ス　オムネ
어쩔 수 없네.

☐ 謝ってもどうにもならないよ。

サ　グァ　ヘ　ド　　ソヨンオプソ
사과해도 소용없어.

😊 **表現** 소용없다 ソヨンオプタ (無駄だ、駄目だ、必要ない)

あいづち

音声
1 -07

☐ そうだね。

クロンネ
그렇네.

💡 **プラスα** 그러게 クロゲ＝そうだよ。 그렇지 クロッチ＝そうですね

31

☐ そうなんですか?

그래요?
クレ ヨ

💡 プラスα　그래? クレ＝そうなの?

☐ へえ。

오./우아.
オ　ウア

😊 表現　「オ」は驚き、感嘆などのときに出す音。「ウア」は意外な喜びに出会ったときに出す音。

☐ なるほど。

그렇군.
クロックン

😊 表現　「なるほど」は2つの表現がある。그렇군 クロックン（そうなんだ）、그렇구나 クロックナ（そうなのか）。

☐ それで?

그래서?
クレ ソ

☐ えー!?

헐!?
ホル

😊 表現　驚いたとき、あきれたときなどに使う感嘆詞。似た表現で헉 ホクもある。

☐ やっぱり!

역시!
ヨクシ

☐ あらまー……。

아이고...
アイゴ

😊 表現　驚いたとき、痛いとき、気の毒に思ったときなどに使う表現。英語の「Oh my God!」に近い。

基本の表現

☐ はい。

네.
ネ

> 💡 プラスα もっとていねいな言葉に 예 イェ がある。

☐ うん。

응.
ウン

☐ もちろんです。

물론이에요.
ム ル ロ ニ エ ヨ

> 💡 プラスα 당연 タンヨン＝当然。 당연하지요 タンヨナジヨ＝当然でしょ

☐ いいですね。

좋네요.
チョンネヨ

☐ 大丈夫です。

괜찮아요.
クェンチャナヨ

☐ おっしゃるとおりです。

맞는 말씀입니다.
マンヌン マルッスミムニダ

> 😊 表現 直訳では「正しいお言葉です」。

33

☐ 了解です。

アルゲッスムニダ
알겠습니다.

☺ **表現** 「了解です／承知しました／かしこまりました」はすべて알겠습니다 アルゲッスムニダ。

☐ できます。

ハル ス イッソヨ
할 수 있어요.

💡 **プラスα** 가능해요 カヌンヘヨ＝可能です

☐ きっとそうですね。

プンミョン クロル コイェヨ
분명 그럴 거예요.

☐ 問題ありません。

ムンジェ オプスムニダ
문제 없습니다.

否定

☐ いいえ。

アニョ
아니요.

💧 **文法** 略語의 아뇨 アニョも会話でよく使われる。ため口では아니 アニ。

☐ 違います。

アニエヨ
아니에요.

💧 **文法** 「違います」は3つの表現がある。아니에요 アニエヨ(そうではありません)、달라요 タルラヨ(異なっています)、틀려요 トゥルリョヨ(まちがっています)。

□ それはまちがっています。

クゴン チャルモッ トェッソヨ
그건 잘못 됐어요.

□ 無理ですよ。

ムリイェヨ
무리예요.

□ 私には難しいです。

チョヌン オリョウル コ カッスムニダ
저는 어려울 거 같습니다.

(☺) **表現** 直訳では「私は難しいと思います」。遠回しの断りの表現。

□ すみませんが、お断りします。

チェソンハジマン コチョラゲッスムニダ
죄송하지만 거절하겠습니다.

□ それはちょっと……。

クゴン チョム
그건 좀...

□ 話にならない。

マルド アンドェ
말도 안돼.

(💡) **プラスα** 거짓말이죠 コジンマリジョ=うそでしょ

□ いやです。

シロヨ
싫어요.

(💡) **プラスα** 안돼요 アンドェヨ=だめです。됐어요 トェッソヨ=結構です

お願いする

```
┌─────────────┐
│             │ ください。
└─────────────┘
─────────────────────────
┌─────────────┐ チュセヨ
│             │ 주세요.
└─────────────┘
```

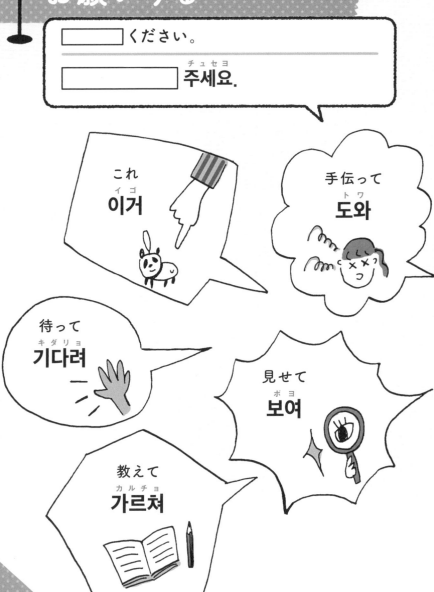

これ
イゴ
이거

手伝って
トワ
도와

待って
キダリョ
기다려

見せて
ポヨ
보여

教えて
カルチョ
가르쳐

お会計して
<ruby>計算<rt>ケサネ</rt></ruby>
계산해

日本語で話して
일본어로 이야기해
イルボノロ　イヤギヘ
コンニチハ

まけて
깎아
ッカカ

もう1度言って
한 번 더 말해
ハン　ボン　ド　マレ

もっと辛くして
좀 더 맵게 해
チョム　ド　メプケ　ヘ

37

☐ お願いしたいことがあるのですが……。

ブタクトゥリゴ シブン ゲ インヌンデヨ
부탁드리고 싶은 게 있는데요...

> 🎵 **発音** 있는데요は【인는데요 インヌンデヨ】と発音。

☐ お忙しいところ恐縮ですが……。

バップシンデ チェソンハジマン
바쁘신데 죄송하지만...

☐ 代わりにお引き受けいただけませんか?

テシン バダ ジュシゲッソヨ
대신 받아 주시겠어요?

> ★ **カルチャー** 日本では「いただけませんか」といった否定文でも依頼の表現になるが、韓国では「いただけますか」などの肯定文で依頼することが多い。

☐ 頼みたいことがあります。

ブタカゴ シブン ゲ イッソヨ
부탁하고 싶은 게 있어요.

> 🌙 **文法** ～고 싶다 ゴ シプタ(～したい)と～은 게 있어요 ウン ゲ イッソヨ(～ことがあります)の構文がいっしょに使われている。

☐ 今お忙しいですか?

チグム バップセヨ
지금 바쁘세요?

> 😊 **表現** 바빠요? パッパヨ(お忙しいですか?)ともいえる。

☐ ちょっとお時間いいですか?

チャムッカン シガン クェンチャナヨ
잠 깐 시간 괜찮아요?

□ 一生のお願い！

ビョンセン ソウォニヤ
평생 소원이야!

祝う

音声 i -11

□ おめでとう！

チュカヘ
축하해!

💡 プラスα 축하합니다 チュカハムニダ＝おめでとうございます

□ お祝いさせてください。

チュカドゥリョヨ
축하드려요.

□ よかったですね！

チャルドェンネヨ
잘됐네요!

□ めでたい！

キョンサスロムネ
경사스럽네!

💡 プラスα 同じ意味で경사네 キョンサネ（慶事だね、祝い事だね、おめでたいことだね）、경사 났네 キョンサ ナンネ（おめでたいことが起きた）もよく使われる。

□ 心よりお喜び申し上げます。

チンシムロ チュカドゥリムニダ
진심으로 축하드립니다.

😊 表現 진심 チンシム（真心、本心、本気）

39

☐ 苦労が報われましたね。

コ セン ハン　ボ ラ ミ　イッ ソン ネ ヨ
고생한 보람이 있었네요.

😊 表現　直訳では「苦労した甲斐がありましたね」。

☐ やったね！

ヘ ネン ネ
해냈네!

😊 表現　直訳では「やり遂げたね」。

ほめる

☐ すごいですね。

テ ダ ナ ネ ヨ
대단하네요.

☐ さすが！

ヨ ッ シ
역시!

💡 プラスα　역시 ヨッシ=さすが、やっぱり。과연 クァヨン=さすが、なるほど、果たして

☐ やるじゃん！

チャ ラ ネ
잘하네!

💡 プラスα　直訳では「よくするね、うまいね」。제법이네 チェボビネ=なかなかやるね

☐ マジですごい。

チャン ナ　ナ ニ ダ
장난 아니다.

😊 表現　直訳では「冗談じゃない」。冗談じゃないぐらいすごいと思うときに使う。대박 テバク(大当たり、すごい)という表現もある。

☐ **最高です！**

チェゴイェヨ
최고예요!

 **プラスα** ほかの表現に죽인다 チュギンダがある。直訳では「殺す」の意味だが、「イケてる、すごいね、最高」の意味で使われる。

☐ **尊敬します。**

チョンギョンハムニダ
존경합니다.

☐ **ずっと憧れの人です。**

ケソク トンギョンヘ オン サ ラ ミ エ ヨ
계속 동경해 온 사람이에요.

☐ **あなたは私のヒーローです。**

タ ン シ ヌ ン チェ ヨ ン ウ ン イ エ ヨ
당신은 제 영웅이에요.

 **プラスα** 영웅 ヨンウン＝英雄。英語の히어로 ヒオロ(ヒーロー)も使う。

☐ **誇りに思います。**

チャ ラ ン ス ロ ウォ ヨ
자랑스러워요.

励ます

 音声
1 -13

☐ **仕方ないよ。**

オッチョル ス オ プ ソ
어쩔 수 없어.

☐ そういうときもありますよ。

クロル ッテド イッチョ

그럴 때도 있죠.

🔊 **文法** 그럴 때 クロルッテ＝そういうとき。이럴 때 イロルッテ＝こういうとき。저럴 때 チョロルッテ＝ああいうとき

☐ それはつらかったね。

クゴン チョム ヒムドゥロッケンネ

그건 좀 힘들었겠네.

☐ 大変でしたね。

コ センハ ショ ン ネ ヨ

고생하셨네요.

😊 **表現** 直訳では「苦労しましたね」。

☐ 私がついています。

チェガ イッチャナヨ

제가 있잖아요.

😊 **表現** 直訳では「私がいるんじゃないですか」。

☐ ファイト！

パイティン

파이팅!

⭐ **カルチャー** 英語の「Fighting」(戦うこと、挑戦的なこと)からきた言葉。韓国では「がんばれ、元気出して」の意味でよく使われる。

☐ がんばろう！

アジャアジャ

아자아자!

😊 **表現** 応援や励ますときに気合を入れる掛け声。「よし、がんばるぞ」「がんばろう」の意味で使われる。

☐ 元気出して。

ヒムネ

힘내.

💡 **プラスα** 힘내세요 ヒムネセヨ＝元気を出してください。용기 내세요 ヨンギ ネセヨ＝勇気を出してください

気づかう

☐ **大丈夫ですか?**

クェンチャナヨ
괜찮아요?

☐ **無理していないですか?**

ムリハヌン　ゴ　アニエヨ
무리하는 거 아니에요?

> 💡 **プラスα** 무리 안 해도 돼요 ムリ ア ネド ドェヨ=無理しなくてもいいよ。사양 안 해도 돼요 サヤン ア ネド ドェヨ=遠慮しなくてもいいよ

☐ **しんどくなったら言ってくださいね。**

ヒムドゥルミョン　マ ラ セ ヨ
힘 들면 말하세요.

☐ **お大事に。**

コンガン　チョ シ マ セ ヨ
건강 조심하세요.

> 😊 **表現** 直訳では「健康に注意してください」。

☐ **すぐよくなるといいね。**

クムバン　チョアジョッスミョン　ジョッケッタ
금방 좋아졌으면 좋겠다.

> 🌙 **文法** ～으면 좋겠다 ウミョン ジョッケッタ(～するといいね)

☐ **私にできることがあれば言ってね。**

ネ ガ　ハル ス　インヌン　ゲ　イッスミョン　マ レ　ジュォ
내가 할 수 있는 게 있으면 말해 줘.

自己紹介

名前

☐ 私は渡辺ゆかと申します。

チョヌン ワタナベ ユカラゴ ハムニダ

저는 와타나베 유카라고 합니다.

💡 プラスα 제 이름은 와타나베 유카예요 チェ イルムン ワタナベ ユカイェヨ(私の名前は渡辺ゆかです)

☐ こちらが友だちのあゆみです。

イッチョグン チェ チング アユミ イムニダ

이쪽은 제 친구 아유미입니다.

😊 表現 カジュアルな表現で아유미예요 アユミイェヨ(あゆみです)ともいう。

☐ あなたのお名前は?

ソンハミ

성함이?

✍ 文法 성함 ソンハム(お名前)、이름 イルム(名前)のように、韓国語では名詞にも敬語があり、相手によって単語を使い分けることもある。

☐ なんと呼んだらいいですか?

ムォラゴ プルミョン ドェルッカヨ

뭐라고 부르면 될까요?

💡 プラスα 뭐라고 말해요? ムォラゴ マレヨ=なんと言いますか? 뭐라고 불러요? ムォラゴ プルロヨ=なんと呼びますか?

☐ どうやって書くのですか?

オットッケ ッソヨ

어떻게 써요?

☐ どんな意味なんですか?

オットン ウィミイェヨ

어떤 의미예요?

⭐ カルチャー 韓国では就職のときなどに、運気をよくするために改名する人も多い。わりと簡単に名前を変えられる。

☐ すてきな名前ですね。

クンサハン イ ル ミ ネ ヨ
근사한 이름이네요.

☐ ふだんはウンジュと呼ばれているよ。

ビョンサンシエヌン ウンジュラゴ ブルロ
평상시에는 은주라고 불러.

😊 **表現** 直訳では「ふだんはウンジュと（みんなが）呼んでいるよ」。

名前／出身地

出身地 音声 i -16

☐ 日本から来ました。

イ ル ボ ネ ソ ワッソ ヨ
일본에서 왔어요.

🖊 **文法** 「から」は3つの表現がある。場所＋から＝에서 エソ。曜日・日時＋から＝부터 プト。人＋から＝한테 ハンテ

☐ 中国人ではありません。

チュングギニ ア ニ エ ヨ
중국인이 아니에요.

🖊 **文法** 〜이 아니에요 イ アニエヨ（〜ではありません）

☐ 出身はどちらですか?

コヒャンイ オディイェヨ
고향이 어디예요?

😊 **表現** 고향 コヒャン（故郷）。直訳では「故郷はどこですか?」。

☐ 日本に行ったことはありますか?

イ ル ボ ネ カ ボン ジョギ イッソ ヨ
일본에 가 본 적이 있어요?

☐ どんなところですか?

オットン ゴ シ エ ヨ
어떤 곳이에요?

🔊 **発音** 【곳 コッ】(ところ)は口を丸く小さくして発音。同じような発音の単語【것 コッ】(もの)は口を大きく開けて発音する。

☐ 美しい自然があります。

アルムダウン ジャヨニ イッソヨ
아름다운 자연이 있어요.

☐ ビルが多いです。

ビルディンイ マ ナ ヨ
빌딩이 많아요.

🔊 **発音** 빌딩(ビル)は【ピルディン】と発音する。

☐ 人気の観光スポットになっています。

インキ クァンクァンジガ トェオッソヨ
인기 관광지가 되었어요.

🔊 **発音** 관광 クァンクァン(観光)の発音に注意。【관 クァン】は舌を歯茎のうらに届くようにするが【광 クァン】は舌を下げたままで発音する。

☐ 映画のロケ地として有名です。

ヨンファ チョァリョンジロ ユミョンヘヨ
영화 촬영지로 유명해요.

☐ 韓国人とのハーフなんです。

チェイルギョボイェヨ
재일교포예요.

😊 **表現** 재일본한국교포 チェイルボナングッギョポ(在日本韓国同胞)を略して、재일교포 チェイルギョポ(在日同胞)。自然な日本語では「在日韓国人」の意味。

☐ 釜山で生まれました。

ブ サ ネ ソ テオナッソヨ
부산에서 태어났어요.

☐ 今はどこに住んでいるの?

チグム オディエ サラ

지금 어디에 살아?

☐ ぜひ行ってみたいです。

ッコク カ ボゴ シポヨ

꼭 가 보고 싶어요.

☐ 最寄駅から、徒歩10分ぐらいです。

チプ クンチョ ヨ ゲソ トボ シプ ブン ジョンドイェヨ

집 근처 역에서 도보 십 분 정도예요.

> :) **表現** 「最寄り」は집 근처 *チプ クンチョ*(家の近く)。

☐ 実家に住んでいます。

ブモニムグァ ハムッケ サルゴ イッソヨ

부모님과 함께 살고 있어요.

> :) **表現** 直訳では「ご両親といっしょに住んでいます」。韓国語では自分の両親にも敬意表現を使う。

☐ 今度遊びにくる?

タウメ ノルロ オルレ

다음에 놀러 올래?

☐ 彼氏と同棲中なんだよね。

ナムジャチングハゴ トンゴジュンイゴドゥン

남자친구하고 동거중이거든.

> :question: **プラスα** 남자친구 *ナムジャチング*(彼氏)を略して남친 *ナムチン*。여자친구 *ヨジャチング*(彼女)を略して여친 *ヨチン*ともいう。

☐ 姉と住んでいます。

オンニハゴ　サルゴ　イッソヨ
언니하고 살고 있어요.

☐ ひとり暮らしです。

ホンジャソ　サ ラ ヨ
혼자서 살아요.

☐ 部屋は1DKです。

パン　ハ ナ エ　コ シ ラ ゴ　ブ オ ギ　イッソヨ
방 하나에 거실하고 부엌이 있어요.

★カルチャー　日本で使う1DKなどの表現は韓国では使わない。直訳では「部屋1つ、リビングとキッチンがあります」。

☐ おいくつですか?

ミョッ　サ リ エ　ヨ
몇 살이에요?

☺ 表現　直訳では「何歳ですか?」。

☐ 同い年ですね。

トン ガ ビ ネ ヨ
동갑이네요.

☐ 私は28歳です。

チョヌン　スムルヨドル　サ リ エ ヨ
저는 스물여덟 살이에요.

📖 文法　年齢を話すときは하나 ハナ(1)、둘 トゥル(2)、셋 セッ(3)などの固有数詞を使う。

48

☐ 若く見えます。

젊어 보여요.
チョルモ ボ ヨ ヨ

💡 **プラスα** 동안이네요 トンアニネヨ＝童顔ですね

☐ 大人っぽいですね。

어른스럽네요.
オルンスロムネヨ

📖 **文法** 〜스럽다 スロブタ（〜っぽい）。여성스럽다 ヨソンスロブタ（女性っぽい）。남성스럽다 ナムソンスロブタ（男性っぽい）

☐ 何年生まれですか?

몇 년생이에요?
ミョン ニョンセンイエヨ

⭐ **カルチャー** 韓国では年齢によって呼び方と言葉遣いが変わるため、初対面でも何年生まれなのか聞くことが多い。

☐ 1990年生まれです。

천구백구십 년생이에요.
チョングベックシム ニョンセンイエヨ

☐ 韓国の年で19歳です。

한국 나이로 열아홉 살이에요.
ハングン ナ イ ロ ヨ ラ ホブ サ リ エ ヨ

⭐ **カルチャー** 韓国では日本でいう数え年の年齢が一般的。生まれた日から1歳になり、1月1日になると全員年を1歳取る。

☐ まだ未成年なの。

아직 미성년자야.
ア ジク ミソンニョンジャヤ

😊 **表現** 直訳では「まだ未成年者なの」。

☐ 3つ下ですね。

세 살 연하네요.
セ サル リョナネヨ

😊 **表現** 直訳では「3歳年下ですね」。연상 ヨンサン（年上）

韓国の上下関係

目上の人を大切に

　韓国の上下関係はとても厳格で、日本の感覚で話をすると驚くかもしれません。儒教の教えにもとづいて、目上の人や年配の人をとても大切にしているのです。

　韓国人とうまく付き合うために大切なのは、年齢による上下関係をしっかり認識すること。韓国では初対面でも相手の年齢を聞くことがよくあります。とくに、親しくなりたい人には年齢を聞いて上下関係をはっきりさせます。これは、年齢によって相手への話し方や呼び方を変える必要があるからです。日本のように名前で呼ぶのではなく、「오빠」「형」（「お兄さん」の意味）、または「누나」「언니」（「お姉さん」の意味）と呼びます。もし双子や従妹で同い年だったとしても、時間や生まれた月が早い人にはお兄さん、お姉さんと呼ぶのがマナーです。

　また、日本では自分の身内のことは「父が～、両親が～」のように謙遜して他人に話しますが、韓国の場合は他人と話す際でも「お父様が～、ご両親が～」のように尊敬語を使います。

目上の人への接し方は？

　たとえば、飲みの席。目上の人に飲み物を注ぐときは片手ではなく両手を使い、目上の人にお酒を注いでもらうときは、必ず両手でグラスを持ちます。目上の人の前でお酒を飲むときも、体や顔を少し横に向けて手でグラスや口を隠して飲まないといけません。正面を向いてお酒を飲むのは失礼になるという考え方からです。

　また目上の人と握手をするときは、片方の手で相手の手を握り、もう一方の手は手首に軽く添えるようにします。
　それから、先生への言葉づかい。日本では親しみを込めて先生にため口で話をする学生もいますが、韓国では絶対にありえません。先生には必ず敬語を使います。

親しき仲には礼儀なし？

　このように上下関係を非常に重んじる韓国ですが、じつは「親しき仲には礼儀なし」という側面も持ち合わせています。日本人は、親しい友人に対しても、相手を尊重しようと気をつかうことがよくあります。しかし、こうした気づかいが、韓国人にとっては水くさく思えて、距離を感じてしまうのです。逆効果になってしまうこともあります。
　「上下関係を意識」しつつ、「親しき仲には礼儀なし」の文化があるということを知っておくと、あなたもきっと韓国人とのお付き合いの達人になれるでしょう。

☐ **何人家族ですか?**

カジョギ ミョン ミョンイエヨ
가족이 몇 명이에요?

😊 **表現** 直訳では「家族は何人ですか?」。

☐ **5人家族です。**

カジョギ タソン ミョンイエヨ
가족이 다섯 명이에요.

😊 **表現** 直訳では「家族が5人です」。

☐ **兄が2人と妹が1人います。**

オッパ トゥ ミョンハゴ ヨドンセン ハン ミョン イッソヨ
오빠 두 명하고 여동생 한 명 있어요.

💡 **プラスα** 오빠 オッパ＝兄（女性からの呼びかた）。형 ヒョン＝兄（男性からの呼びかた）。
남동생 ナムドンセン＝弟

☐ **ひとりっ子です。**

ウェドンイエヨ
외동이에요.

💡 **プラスα** 외동딸 ウェドンッタル＝ひとり娘。외동아들 ウェドンアドゥル＝ひとり息子

☐ **親は離婚しています。**

プモニムン イホネッソヨ
부모님은 이혼했어요.

💡 **プラスα** 재혼 チェホン＝再婚

☐ **祖父、祖母と暮らしています。**

ハラボジ ハルモニハゴ カチ サラヨ
할아버지, 할머니하고 같이 살아요.

☐ 姉は韓国に留学しているよ。

オンニヌン　ハングゲソ　ユハクチュンイヤ
언니는 한국에서 유학중이야.

💡 プラスα　언니 オンニ＝姉（女性からの呼びかた）。누나 ヌナ＝姉（男性からの呼びかた）

☐ 兄弟が多いと家がうるさくて。

ヒョンジェガ　マヌゥミョン　チビ　シックロウォソ
형제가 많으면 집이 시끄러워서.

💡 プラスα　자매 チャメ＝姉妹

☐ 母子家庭で育ちました。

オモニ　ホンジャソ　キウショッソヨ
어머니 혼자서 키우셨어요.

😊 表現　直訳では、「お母さんひとりで育てました」。「父子家庭」は아버지 혼자서　アボジ ホンジャソ（お父さんひとりで）。

☐ 婚約者がいます。

ヤコンジャガ　イッソヨ
약혼자가 있어요.

⭐カルチャー　日本語では「婚約者」だが、韓国語では약혼자 ヤコンジャ（約婚者）という。

☐ 夫がいます。

ナムピョニ　イッソヨ
남편이 있어요.

💡 プラスα　아내 アネ＝妻

☐ 息子が1人います。

アドゥリ　ハン ミョン　イッソヨ
아들이 한 명 있어요.

💡 プラスα　딸 ッタル＝娘

☐ まだ独身です。

アジク　ミホニ エ ヨ
아직 미혼이에요.

💡 プラスα　미혼 ミホン＝未婚。기혼 キホン＝既婚

☐ **趣味はなんですか?**

チュィミヌン　ムォイェヨ
취미는 뭐예요?

☐ **お休みの日は何をしているの?**

スィヌン　ナル　ムォ　ヘ
쉬는 날 뭐 해?

💡 **プラスα** 주말에 뭐 해? チュマレ ムォ ヘ＝週末は何をしているの?

☐ **私はアイドルにはまっていて……。**

チョヌン　アイドランテ　ッパジョソ
저는 아이돌한테 빠져서...

☐ **舞台を見るのが好きだよ。**

ムデルル　ボヌン　ゴル　チョアヘ
무대를 보는 걸 좋아해.

📘 **文法** ～는 걸 좋아해 ヌン ゴル チョアヘ(～するのが好き)

☐ **カラオケかな。**

ノレバンイヤ
노래방이야.

⭐ **カルチャー** 韓国のカラオケは、人数分ではなく、部屋代として支払うので、大人数で行くほうが安く済む。

☐ **旅行によく行きます。**

ヨヘンウル　チャジュ　カヨ
여행을 자주 가요.

📘 **文法** 韓国語では「旅行に行く」ではなく、「旅行を行く」という。

◯ 好きなことはショッピングです。

チョアハヌン ゴン ショピンイエヨ
좋아하는 건 쇼핑이에요.

💡 プラスα 영화감상 ヨンファカムサン＝映画鑑賞。등산 トゥンサン＝登山

◯ ずっとメイクやファッションに興味を持っているよ。

ケソク ファジャンイラン ペショネ クァンシミ マナ
계속 화장이랑 패션에 관심이 많아.

趣
味

◯ 多趣味ですね！

チュィミガ タヤンハネヨ
취미가 다양하네요!

☺ 表現 直訳では「趣味が多様ですね！」。

◯ 家に引きこもってずっとドラマを見ているの。

チベ トゥロバキョソ ケソク トゥラマルル ボァ
집에 틀어박혀서 계속 드라마를 봐.

☺ 表現 틀어박히다 トゥロバキダ（引きこもる）

◯ おすすめの趣味があったら教えて。

チュチョナル マナン チュィミガ イッスミョン アルリョ ジュォ
추천할 만한 취미가 있으면 알려 줘.

◯ 私、オタクなの。

ナ トクヤ
나, 덕후야.

⭐ カルチャー 덕후 トクは日本の「オタク」を韓国式に読んだ言葉。오덕후 オトクから「オ」を省略し、「トク」という。

◯ 趣味がなくて……。

チュィミガ オプソソ
취미가 없어서...

55

音声
1 -21

☐ **お仕事は何ですか?**

_{ムスン ニルル ハ セヨ}
무슨 일을 하세요?

😊 **表現** 直訳では「どんな仕事をしていますか?」。

☐ **営業だよ。**

_{ヨンオプチギヤ}
영업직이야.

💡 **プラスα** 사무직이야 サムジギヤ＝事務職だよ

☐ **金融関係だよ。**

_{クミュンオプケヤ}
금융업계야.

💡 **プラスα** 항공 ハンゴン＝航空。여행 ヨヘン＝旅行。패션 ペション＝ファッション。
부동산 プドンサン＝不動産

☐ **食品メーカーで働いているよ。**

_{シクプムジェジョオベソ イ レ}
식품제조업에서 일해.

☐ **まだ学生だよ。**

_{アジク ハクセンイヤ}
아직 학생이야.

☐ **最近転職しました。**

_{チェグネ イジケッソヨ}
최근에 이직했어요.

☐ 専業主婦です。

チョノブチュブイェヨ
전업주부예요.

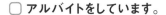

🔵 **プラスα** 맞벌이예요 マッポリイェヨ＝共働きです

☐ 求職中です。

クジクチュンイエヨ
구직중이에요.

☐ アルバイトをしています。

アルバイトゥハゴ　イッソヨ
아르바이트하고 있어요.

😊 **表現** 아르바이트 アルバイトゥ(アルバイト)を略して、알바 アルバ(バイト)ともいう。

政治・宗教観

音声 1 -22

☐ どの政党を支持していますか?

オ ヌ　チョンダンウル　チ ジ ヘ ヨ
어느 정당을 지지해요?

🔵 **プラスα** 여당 ヨダン＝与党。야당 ヤダン＝野党。정치가 チョンチガ＝政治家

☐ 大統領についてどう思いますか?

テトンニョンエ　テ ヘ ソ　オットッケ　センガケヨ
대통령에 대해서 어떻게 생각해요?

⭐ **カルチャー** 韓国の大統領は5年任期。国民が直接投票して大統領を選ぶ。大統領選挙日は祝日になる。

☐ 今回の選挙で誰に投票した?

イ ボン　ソンゴエソ　ヌグハンテ　トゥピョヘッソ
이번 선거에서 누구한테 투표했어?

◯ 私は全面的に支持しています。

チョヌン　チョンミョンジョグロ　チジハムニダ
저는 전면적으로 지지합니다.

◯ 今度のデモに参加するよ。

タウム　テモ　エ　チャムガハル　コ　ヤ
다음 데모에 참가할 거야.

◯ 宗教は何を信じていますか？

ムスン　チョンギョルル　ミドゥセヨ
무슨 종교를 믿으세요?

😊 **表現** 直訳では「どんな宗教を信じていますか？」。

◯ キリスト教です。

キドゥキョイェヨ
기독교예요.

💡 **プラスα** 천주교 チョンジュギョ＝カトリック

◯ 仏教です。

ブルギョイェヨ
불교예요.

⭐ **カルチャー** 旧暦4月8日は釈迦の誕生を祝う부처님 오신 날 プチョニム オシン ナル（仏様が
いらっしゃる日）で、祝日。日本の花祭り（灌仏会）と違い、旧暦で祝う。

◯ 毎週日曜日に教会に通っています。

メジュ　イリョイレ　キョフェエ　タニョヨ
매주 일요일에 교회에 다녀요.

💡 **プラスα** 절 チョル＝お寺。성당 ソンダン＝聖堂

◯ 無宗教です。

ムジョンギョイェヨ
무종교예요.

CHAPTER 2

気もちを伝える

感情表現

気もちを共有する

なりきりミニ会話

☐ やっと韓国に来れて本当にうれしい！

トゥディオ ハングゲ ワソ チンッチャ キップダ
드디어 한국에 와서 진짜 기쁘다!

ユミ

☐ テンションあがるね！

トゥルットゥンダ
들뜬다!

トンハ

☐ ほんとに韓国にいるなんて夢みたい。

チンッチャ ハングゲ イッタニ ックムマン カタ
진짜 한국에 있다니 꿈만 같아.

ユミ

☐ ライブも待ち遠しいね。

ライブド モプシ キダリョジンダ
라이브도 몹시 기다려진다.

トンハ

☐ 楽しみ！

キデドェンダ
기대된다!

ユミ

☐ **とてもうれしいです。**

ノム キッポヨ
너무 기뻐요.

💡プラスα 기뻤어요 キッポッソヨ＝うれしかったです。 기쁘게 생각해요 キップゲ センガケ
ヨ＝うれしく思います

☐ **泣きそう！**

ウル コ ガ タ
울 거 같아!

📖文法 ~을 것 같다 ウル コッ ガタ（~ようだ、~そうだ）は話し言葉では~을 거 같다 ウル
コ ガタという。

☐ **夢かな。**

ックミンガ
꿈인가.

💡プラスα 꿈을 꾸다 ックムルックダ＝夢を見る

☐ **きゃあ！**

オムマヤ
엄마야!

😊表現 老若男女問わず、腰を抜かしそうになるほどびっくりしたときに使う感嘆詞。
엄마 オムマは「お母さん」の意味。

☐ **よっしゃー！**

アッサ
앗싸!

😊表現 うれしいときに使う言葉で「よし、やった」の意味。

☐ **やったあ！**

オイェ
오예!

😊表現 英語の「Oh, yes!」の意味で、うれしいときに使う表現。

☐ やばい！

<ruby>대박<rt>テバク</rt></ruby>!

💡 **プラスα** 끝내준다 ックンネジュンダ（終わらせてくれる）は、「何をやっても終わらせてくれるほどすごい、最高、やばい」の意味。

☐ 鳥肌立った！

<ruby>닭살 돋았어<rt>タクサル ド ダッソ</rt></ruby>!

🎵 **発音** パッチム「리」は「ㄱ」と発音する。つまり닭（ニワトリ）は【닥 タク】と発音。

☐ 胸がいっぱい！

<ruby>가슴이 벅차<rt>カ ス ミ ボクチャ</rt></ruby>!

☐ 感動しました！

<ruby>감동했어요<rt>カムドンヘッソヨ</rt></ruby>!

☐ 本当によかったです。

<ruby>정말 좋았어요<rt>チョンマル チョ アッソヨ</rt></ruby>.

楽しい

☐ 最高！

<ruby>최고<rt>チェゴ</rt></ruby>!

😊 **表現** 対義語は최악 チェアク（最悪）。

62

□ うける！

ウッキンダ
웃긴다!

:) 表現 直訳では「笑わせる」。おもしろいものを見たり聞いたりしたときに、よく使われる。

□ 幸せ！

ヘンボケ
행복해!

💡 プラスα 너무 행복해요 ノム ヘンボケヨ＝とても幸せです

□ 本当に楽しみにしてたんです。

チョンマル キデ マニ ヘッソヨ
정말 기대 많이 했어요.

:) 表現 直訳では「本当に期待たくさんしました」。

□ この日が来るまで長かった……。

モギ ッパジゲ キダリョッソ
목이 빠지게 기다렸어...

:) 表現 「待ちくたびれる、すごく長い間待ち続ける」という意味の慣用句。直訳では「首が取れるほど待った」。

□ 興奮しています。

フンブンドェヨ
흥분돼요.

□ ドキドキが止まりません。

シムジャンイ トジル コ ガタヨ
심장이 터질 거 같아요.

:) 表現 直訳では「心臓が張り裂けそうです」。緊張して心臓がドキドキしていることを表わす表現。

□ あっという間だったね。

クムバン チナガンネ
금방 지나갔네.

63

☐ 楽しい時間は短いね……。

シガニ ノム ッチャルタ
시간이 너무 짧다...

(・‿・) 表現 直訳では「時間がとても短いね」。

☐ おもしろいね！

チェミイッタ
재미있다!

☐ 笑いすぎて涙が出てきた！

ノム ウソソ ヌンムル ナ
너무 웃어서 눈물 나!

🔊 文法 너무~하다 ノム~ハダ（~すぎる）。너무 마시다 ノム マシダ（飲みすぎる）。
너무 먹다 ノム モクタ（食べすぎる）

悲しい

音声
1 -26

☐ 悲しいです。

スルポヨ
슬퍼요.

💡 プラスα 외로워요 ウェロウォヨ＝寂しいです

☐ 胸が痛みます。

カスミ アパヨ
가슴이 아파요.

💡 プラスα 마음이 아파요 マウミ アパヨ＝心が痛い

☐ つらいです。

クェロウォヨ
괴로워요.

◯ かわいそう。

プルッサンヘ
불쌍해.

◯ ひどすぎるよ。

ノムハン ゴ ガタ
너무한 거 같아.

◯ 本当に残念……。

チョンマル アシュィプタ
정말 아쉽다...

😊 **表現** 「残念だ」は4つの表現がある。아쉽다 アシュィプタ(名残惜しさ、もったいなさ)。안타깝다 アンタッカプタ(悔しい)。안됐다 アンドェッタ(気の毒だ)。유감이다 ユガミダ(遺憾だ)

◯ 涙が止まりません。

ヌンムリ アン モムチョヨ
눈물이 안 멈쳐요.

🌊 **文法** 안 멈쳐요 アン モムチョヨは안 アン(否定文)＋멈추다 モムチュダ(止まる)で、「止まらない」の意味になる。

◯ 泣いてもいい?

ウロド ドェ
울어도 돼?

🌊 **文法** ～어도 돼요? オド ドェヨ(～してもいいですか?)

◯ もう何もやる気がでません。

アムロン ウィヨギ アン センギョ
아무런 의욕이 안 생겨.

😊 **表現** 의욕 ウィヨクは「意欲」の漢字語で、「やる気」の意味。

◯ この気もち、他人にはわかりません。

イ キブン タルン サラムドゥルン モルル コイェヨ
이 기분 다른 사람들은 모를 거예요.

驚き

音声
1 -27

☐ わ！

（ウワ）
우와!

☐ ひゃあ！

（ヤ　ア）
야아!

☐ びっくりした！

（ッカムッチャギヤ）
깜짝이야!

😊 **表現** SNSでは깜짝 놀랐다 ッカムッチャク ノルラッタ（びっくりした）を略し、깜놀 ッカムノ
ルでよく使われる。

☐ 驚きました。

（ノルラッソヨ）
놀랐어요.

☐ そんなことがあるんだ。

（クロン　イルド　イックナ）
그런 일도 있구나.

☐ 心臓が止まるかと思った！

（シムジャンイ　モンヌン　ジュル　アラッソ）
심장이 멎는 줄 알았어!

💡 **プラスα** 간 떨어질 뻔 했다 カン ットロジル ッポン ヘッタ（肝がおちるところだった）は、「びっ
くりして腰が抜けそうになった」という意味。

☐ 冗談でしょ?

ノンダミジョ
농담이죠?

☐ うそだあ?

コジンマリジ
거짓말이지?

😊 **表現** 뻥이야 ッポンイヤ (うそでしょ)という表現もある。거짓말 コジンマルの俗語で、もと もとは「少し大げさに言う」の意味。若者や友だち、または年下に使われる。

☐ 信じられない！

モン ミッケッソ
못 믿겠어!

🌏 **文法** 못 モッ (られない、できない)。動詞の前につけて不可能を表わす。

☐ まじで!?

チンッチャ
진짜!?

💡 **プラスα** 정말? チョンマル＝本当? 진심? チンシム＝本気?

☐ 急にどうしたの?

カプチャギ ムスン ニ リ ヤ
갑자기 무슨 일이야?

☐ 頭が真っ白になったよ。

モ リ ガ ハ イェ ジョッ ソ
머리가 하얘졌어.

☐ 夢じゃないよね?

ックムン ア ニ ゲッ チ
꿈은 아니겠지?

☐ ひどい！

너무해!
ノ ム ヘ

> 😊 **表現** 너무하다 ノムハダ（ひどい）は、「言葉や行動がやりすぎる、あんまりだ」の意味。심하다 シマダ（ひどい）は「甚だしい、激しい」の意味で、行動や言葉だけではなく、体のどこかが痛いときも使える。

☐ ありえない！

말도 안돼!
マ ル ド アンドェ

> 💡 **プラスα** 있을 수 없어 イッスル ス オプソ＝ありえない

☐ 納得できません。

납득할 수 없어요.
ナプトゥカル ス オ プ ソ ヨ

☐ ムカつく。

짜증나.
ッチャジュンナ

> 💡 **プラスα** 열 받다 ヨル パッタ（キレる）。直訳では「熱が出る」の意味。뚜껑 열리다 ットゥッコン ヨルリダ（マジギレ）。直訳では「蓋が開く」の意味。

☐ 許せない！

용서 못 해!
ヨンソ モ テ

> 🔵 **文法** 否定の文法で못 モッ（できない）、안 アン（しない）がある。「許さない」は용서 안 해 ヨンソ ア ネ。

☐ 腹が立って仕方がないよ。

화가 나서 참을 수가 없어.
ファ ガ ナ ソ チャムル ス ガ オ プ ソ

> 💡 **プラスα** 화풀이하다 ファプリハダ＝八つ当たりする

☐ もういいかげんうんざり。

이제 그만해라 지겹다.
イジェ　クマネラ　チギョプタ

(💡 プラスα) 귀찮다 クィチャンタ＝面倒くさい

☐ ショックだよ。

쇼킹하다.
ショキンハダ

(💡 プラスα) 충격적이다 チュンギョクチョギダ＝衝撃的だ

☐ 気が狂いそうよ！

미치겠네!
ミチゲンネ

(💡 プラスα) 頭にきたときに言う言葉。同じ意味で돌겠네 トルゲンネ、환장하겠네 ファンジャンハゲンネもある。

☐ ぷんぷん！

에이!
エイ

怒り／いろいろな気もち

いろいろな気もち

音声
1 -29

☐ 焦ったー！

당황했어!
タンファンヘッソ

(🙂 表現) ここでは「慌てる」の意味。「イライラしている、気をもんでいる」の意味を含むときは초조하다 チョジョハダ。

☐ こわかった……。

무서웠어...
ムソウォッソ

(💡 プラスα) 무서워 ムソウォ＝こわい。무서워요 ムソウォヨ＝こわいです

☐ 心配だよ。

コクチョンイダ
걱정이다.

☐ 緊張します。

キンジャンドェヨ
긴장돼요.

☐ 不安です。

プラネヨ
불안해요.

💡 プラスα 불안해졌어요 プラネジョッソヨ＝不安になりました

☐ 恥ずかしかったです。

ブックロウォッソヨ
부끄러웠어요.

💡 プラスα 창피하다 チャンピハダ (恥ずかしい)は失敗したときなど、恥をかいたときに使う。
쑥쓰럽다 ッスクッスロプタ (恥ずかしい)は照れくさい、くすぐったい恥ずかしさを感
じたときに使う。

☐ 顔から火が出る思いでした。

ナッ ットゴウォッソヨ
낯 뜨거웠어요.

🙂 表現 直訳では「顔が熱い」という意味の慣用句。얼굴이 화끈거렸어요 オルグリ ファッ
クンゴリョッソヨ (顔が火照る)という表現もある。

☐ うらやましいよ。

プロウォ
부러워.

☐ ジェラシーしかないです。

ペ アパヨ
배 아파요.

🙂 表現 直訳では「おなかが痛い」。嫉妬するとおなかが痛くなるといわれていることから
使われる表現。または질투 나요 チルトゥ ナヨ (嫉妬します)。

□ **あら！**

オモ
어머!

💡 **プラスα** 어머어머 オモオモ＝あらあら。어머나 オモナ＝あらら

□ **なんてこと。**

セサンエ
세상에.

☺ **表現** 直訳では「世の中に」。英語の「Oh my God!」と同様の意味。意外なことが起きてびっくりしたときに使う言葉。

□ **えー！**

ホル
헐!

☺ **表現** 驚いたときやあきれたときに使う言葉。「は？」「はあ？」「え？」「まじかよ」のような意味で、若者がよく使う。

□ **ピンチ……。**

ウィギヤ
위기야...

☺ **表現** 直訳では「危機だ」。

□ **ラッキー！**

ッテン チャバッタ
땡 잡았다!

☺ **表現** 思いがけず幸運をつかんだときに使う言葉。

□ **どうしよう。**

オッチョジ
어쩌지.

☐ よし、がんばるぞ！

아자아자, 파이팅!
（アジャアジャ　パイティン）

☐ はあ、疲れた……。

휴, 피곤하다...
（ヒュ　ピゴナダ）

⭐カルチャー　疲れている状態を表わすときは피곤했다 ピゴネッタ（疲れた）のような過去形ではなく、피곤하다 ピゴナダ（疲れる、疲れている）のように現在形を使う。

☐ 暇だ。

심심하다.
（シムシマダ）

😊表現　「何もすることがなく退屈だ」の意味。「時間的に余裕があり、忙しくない」の意味の한가하다 ハンガハダ（暇だ）もある。

☐ 眠い……。

졸려...
（チョルリョ）

😊表現　原形졸리다 チョルリダ（眠い）は졸다 チョルダ（居眠りをする）の使役動詞から生まれた言葉。もう1つ、「眠りが来る」の意味で잠오다 チャモダ（眠い）もある。

☐ 面倒くさい。

귀찮아.
（クィチャナ）

☐ 勘弁して。

그만해.
（クマネ）

😊表現　直訳では「やめて」。

☐ しまった。

아뿔싸.
（アップルッサ）

😊表現　何かミスをしたり、うっかり忘れていた用事を思い出したときなどに、とっさに口から出る言葉。

容姿・人柄

外見・体格

音声
1 -31

♪♬

外見・体格

☐ **イケメン！**

チャルセンギョッタ
잘생겼다!

💡 **プラスα** 얼짱 オルッチャン＝イケメン、きれいな顔。얼굴짱 オルグルッチャン＝顔最高の略語。対義語は못생겼다 モッセンギョッタ＝ブサイク。

☐ **セクシーだね。**

セクシハネ
섹시하네.

☐ **ぽっちゃりしている。**

トントンハダ
통통하다.

💡 **プラスα** 뚱뚱하다 ットゥンットゥンハダ＝太っている。날씬하다 ナルッシナダ＝スタイルがよい。말랐다 マルラッタ＝細い、やせている

☐ **童顔です。**

トンアニエヨ
동안이에요.

💡 **プラスα** 노안 ノアン＝老顔、老け顔

☐ **モデルみたい！**

モデル　カタ
모델 같아!

💬 **文法** ～같다 カタ（～みたい）。가수 같다 カス カタ（歌手みたい）。배우 같다 ペウ カタ（俳優みたい）

☐ **歯並びがきれいだね。**

チョリ　カジロナネ
치열이 가지런하네.

😊 **表現** 가지런하다 カジロナダ（整えている）。直訳では「歯列が整っている」。

73

☐ 笑顔がたまらない！

ウンヌン オルグリ ノム チョア
웃는 얼굴이 너무 좋아!

☐ 愛嬌のある顔だよね。

エギョ マヌン オルグリネ
애교 많은 얼굴이네.

☐ 絶対整形してるよ！

プンミョン ソンヒョン ヘッスル コ ヤ
분명 성형 했을 거야!

☐ ずっと見ていたい顔です。

ケソク ポ ゴ イッコ シプン オルグリエヨ
계속 보고 있고 싶은 얼굴이에요.

☐ 横顔がきれい。

ヨ ム モ ス ピ イェップダ
옆모습이 예쁘다.

> 💡 **プラスα** 예쁘다 イェップダ＝きれいだ（美しい）。깨끗하다 ッケックタダ＝きれいだ（清潔だ）

☐ くしゃっとした笑顔が最高！

ヌ ヌ ス ミ チェゴヤ
눈웃음이 최고야!

☐ 肌がきれい！

ビ ブ ガ ッケックタダ
피부가 깨끗하다!

> ⚠️ **注意** 肌のことをほめるときは、「美しい」という意味の예쁘다 イェップダではなく、「つるつるしている、清潔だ」の意味の깨끗하다 ッケックタダを必ず使う。

☐ 指がきれいでうらやましい。

ソンカラギ　イェッポソ　プロプタ
손가락이 예뻐서 부럽다.

💡 プラスα 발 パル＝足。발가락 パルカラク＝足の指。다리 タリ＝脚

☐ 目がくりくり！

ヌ ニ　　プ リ ブ リ ヘ
눈이 부리부리해!

💡 プラスα 눈이 크다 ヌニ クダ＝目が大きい。눈이 작다 ヌニ チャクタ＝目が小さい

♪♬

外見・体格

☐ パッチリ二重だね。

ッサンッコプリ　チ ナ ネ
쌍꺼풀이 진하네.

💡 プラスα 쌍꺼풀 ッサンッコプル＝二重。홑꺼풀 ホッコプル＝一重。「一重」は외꺼풀
ウェッコプル、민꺼풀 ミンッコプルともいう。

☐ 鼻筋が通っていてすてき！

コ ガ　　ノ パ ソ　モッチョ
코가 높아서 멋져!

💡 プラスα 코가 높다 コガ ノプタ＝鼻が高い。코가 낮다 コガ ナッタ＝鼻が低い

☐ やせすぎじゃない?

ノ ム　サル ッパジン　ゴ　ア ニ ヤ
너무 살 빠진 거 아니야?

☐ 色白でうらやましい。

オルグリ　ハイェソ　プロ ウォ
얼굴이 하얘서 부러워.

☐ 背が高いです。

キ ガ　コ ヨ
키가 커요.

😊 表現 韓国では「背が高い」ではなく、키가 크다 キガ クダ（背が大きい）という。対義語
は키가 작다 キガ チャクタ（背が小さい）。

75

☐ **彼女はとってもいい人だよ。**

チョ ヨ ジャヌン チョンマル チョウン サ ラ ミ ヤ
그 여자는 정말 좋은 사람이야.

😊 **表現** 그녀 クニョ(彼女)という言葉は、歌詞や文学作品で使うことがあっても、会話で使われることはない。会話では그 여자 ク ヨジャ(その女子)という。

☐ **ちょっといじわるじゃない?**

チョム チックジュン ゴ ア ニ ヤ
좀 짓궂은 거 아니야?

☐ **ぼくとは合わないみたい。**

ナ ハ ゴ ヌン アン マンヌン ゴ ガ タ
나하고는 안 맞는 거 같아.

😊 **表現** 나 ナ(私、ぼく、俺)は親しい間柄や年下の人と話すときに使う。フォーマルな場合はていねいな表現で저 チョ(私)を使う。

☐ **天然? ってよく言われるよ。**

ホ ダン イ ラ ヌン マル チャジュ トゥ ロ ヨ
허당? 이라는 말 자주 들어요.

😊 **表現** 허당 ホダンは「外見はしっかりしているように見えるのに、何かが少し抜けていたり、感覚がずれていたりする人」を指していう。

☐ **せっかちですね。**

ソンキョギ ク バ ネ ヨ
성격이 급하네요.

😊 **表現** 直訳では「性格が急ぐ」。対義語は성격이 느긋하다 ソンキョギ ヌグタダ(のんびりしている)。

☐ **人見知りです。**

ナ チュル カ リ ョ ヨ
낯을 가려요.

💡 **プラスα** 直訳では「顔を選ぶ」。부끄러움을 타다 ブックロムル タダ＝恥ずかしがる、恥ずかしがり屋だ

☐ 肉食系です。

ユクシキョンイエヨ
육식형이에요.

☐ 草食系男子なのかな?

チョシキョン ナムジャインガ
초식형 남자인가?

☐ 怒りっぽいね。

ファルル チャル ネ ネ
화를 잘 내네.

☐ 彼女は目立ちたがり屋だよ。

ク ヨジャヌン チュモク パンヌン ゴル チョアヘ
그 여자는 주목 받는 걸 좋아해.

☐ 彼はカリスマ性があります。

ク ナムジャヌン カリスマガ イッソヨ
그 남자는 카리스마가 있어요.

☺ **表現** ユク(彼)という言葉は、歌詞や文学作品で使うことがあっても、会話で使われ
ることはない。会話では그 남자 ク ナムジャ(その男子)という。

☐ 彼女は潔癖なところあるよね。

ク ヨジャヌン キョルビョクチュンイ イッソ
그 여자는 결벽증이 있어.

☐ わがまますぎるよ。

ノム イギジョギャ
너무 이기적이야.

77

人の描写

活発な
フォルバラン
활발한

すらりとした
ナルッシナン
날씬한

かっこいい
モシンヌン
멋있는

静かな
チョヨンハン
조용한

謙虚な
キョムソナン
겸손한

□人です。

□사람이에요.
サ ラ ミ エ ヨ

きれいな
イェップン
예쁜

優しい
チャカン
착한

かわいい
クィヨウン
귀여운

男らしい
ナムジャダウン
남자다운

おもしろい
チェミインヌン
재미있는

呼びかけ

音声 ① -33

☐ **あのー……。**

チョギ
저기...

💡 プラスα 있잖아요 *イッチャナヨ*＝あのね

☐ **すみませーん。**

チョギヨ
저기요.

☐ **おじさん！**

アジョッシ
아저씨!

😊 表現 他人のおじさんを呼ぶときに使う言葉。親戚のおじさんの場合は삼촌 *サムチョン*（母方のおじさん）と呼ぶ。

☐ **おばさん！**

イモ
이모!

⭐ カルチャー 本来は母方のおばさんを呼ぶときに使う言葉。しかし、お店の店員やお母さんの友だちに親しみを込めて呼ぶこともある。「他人のおばさん」の意味を持つ言葉は아줌마 *アジュムマ*。

☐ **みゆちゃん/りんちゃん**

ミユヤ   リナ
미유야 / 린아

🔵 文法 名前の最後の字にパッチムがなかったら「야 *ヤ*」、パッチムがあれば「아 *ア*」になる。

☐ **あなた！**

ヨボ
여보!

💡 プラスα 여보 *ヨボ*は夫婦間での呼び方。恋人同士や新婚夫婦だと자기야 *チャギヤ*（ダーリン）と呼ぶことも多い。

80

意思表示

音声 1 -34

呼びかけ／意思表示

☐ 私はこの仕事をやりたいです。

チョヌン イ イルル ハゴ シ ポ ヨ
저는 이 일을 하고 싶어요.

> **文法** ～고 싶어요 ゴ シポヨ(～したいです)。～고 싶지 않아요 ゴ シプチ アナヨ(～したくないです)

☐ ここで待つよ。

ヨ ギ ソ キダ リ ルッケ
여기서 기다릴께.

> **表現** 기다릴래 キダリ ルレ(待つよ)は、もう少し自分の意思が弱い表現。

☐ 頑張ります。

ヨ ル シ ミ ハ ル ケ ヨ
열심히 할게요.

> **文法** 自分の意思を伝えるときは語幹の後ろに을게요 ウルケヨをつけくわえる。

☐ もうそろそろ寝たいです。

イ ジェ スルスル チャゴ シ ポ ヨ
이제 슬슬 자고 싶어요.

> **文法** 「もう」は이제 イジェ(今頃、今から)、이미 イミ(すでに終わったり、済んだりしたこと)、벌써 ポルッソ(思ったより早く、いつの間にか)の3種類の表現がある。

☐ 好きです。

チョ ア ヘ ヨ
좋아해요.

> **プラスα** 싫어해요 シロヘヨ＝嫌いです

☐ 得意です。

チャ レ ヨ
잘해요.

> **表現** 잘하다 チャラダ(得意だ、上手だ)

81

☐ 苦手です。

モ テ ヨ
못해요.

🙂 **表現** 못하다 モタダ(苦手だ、下手だ)

☐ 好きでも嫌いでもありません。

チョ ア ハ ジ ド シ ロ ハ ジ ド ア ナ ヨ
좋아하지도 싫어하지도 않아요.

💡 **プラスα** 좋지도 나쁘지도 않다 チョッチド ナップジド アンタ=よくも悪くもない

☐ 興味があります。

フ ン ミ ガ イッ ソ ヨ
흥미가 있어요.

☐ どっちでもいいよ。

ムォドゥン チョ ア
뭐든 좋아.

💡 **プラスα** 어느 쪽이든 상관없어 オヌ ッチョギドゥン サングァノプソ=どっちでもかまわない

☐ ひとりで行きたいです。

ホンジャソ カ ゴ シ ポ ヨ
혼자서 가고 싶어요.

💡 **プラスα** 둘이서 トゥリソ=ふたりで。셋이서 セシソ=3人で

☐ そろそろホテルに戻りたいです。

スルスル ホ テ ル ロ ト ラ ガ ゴ シ ポ ヨ
슬슬 호텔로 돌아가고 싶어요.

☐ 今日はもう休みます。

オ ヌ ル ン イ マ ン シュィルケヨ
오늘은 이만 쉴게요.

☐ カフェに行きますか?

커피숍에 가요?
（コピショベ　カヨ）

> 🗣 **文法**　요 ヨは語尾を上げると疑問文の「ですか?、ますか?」、語尾を下げると肯定文の「です、ます」となる。また命令文の「しなさい」、勧誘の「しましょう」の意味も持つ。

☐ いっしょに行きましょう!

같이 가요!
（カチ　カヨ）

> 🎵 **発音**　같이(いっしょ)は【가치 カチ】と発音。

☐ どこにしましょうか?

어디로 갈까요?
（オディロ　カルッカヨ）

☐ どこで食べるか決めていますか?

어디에서 먹을 지 정했어요?
（オディエソ　モグル　チ　チョンヘッソヨ）

☐ おすすめがあるんです。

추천하고 싶은 곳이 있어요.
（チュチョナゴ　シプン　ゴシ　イッソヨ）

☐ 最近はやりのコスメショップに行きませんか?

최근 유행하는 화장품 매장에 갈래요?
（チェグン　ユヘンハヌン　ファジャンプム　メジャンエ　カルレヨ）

> 💡 **プラスα**　유행하다 ユヘンハダ=はやっている、流行している。잘나가다 チャルナガダ=売れている、いけてる、はやっている。대세 テセ=いちばん人気、大人気、はやり

☐ やりたいことはなんですか?

ハ ゴ　シプン　ゴン　ムォイエヨ
하고 싶은 건 뭐예요?

☐ 何をしたいですか?

ムォ　ハ ゴ　シ ポ ヨ
뭐 하고 싶어요?

💡 **プラスα** 뭐 ムォ=何。언제 オンジェ=いつ。왜 ウェ=なぜ。누구하고 ヌグハゴ=誰と

☐ 韓国料理を食べましょう。

ハングン　ヨ リ ル ル　モ グ プ シ ダ
한국 요리를 먹읍시다.

💡 **プラスα** 음식 ウムシク=食べ物

☐ 明洞に行くんだって?

ミョンドンエ　カンダミョンソ
명동에 간다면서?

🖊 **文法** 〜는다면서요? ヌンダミョンソヨ=〜んだって?　〜았다면서요? アッタミョンソ
ヨ=〜たんだって?

☐ 最近のはやりはなんですか?

チェグン　ユ ヘ ン イ　ムォイエヨ
최근 유행이 뭐예요?

☐ ここでいいんですよね?

ヨ ギ　クェンチャンチョ
여기 괜찮죠?

☐ そろそろはじめようか。

スルスル　シジャカルッカ
슬슬 시작할까?

😊 **表現** 시작하다 シジャカダ(はじめる)。시작되다 シジャクトェダ(はじまる)

ちょっとした表現

ちょっとした一言

音声 1 -36

♪♬

ちょっとした一言

☐ それはそれとして……。

クゴン　クロッコ
그건 그렇고...

💡 プラスα　이건 이렇고 イゴン イロッコ＝これはこれとして。저건 저렇고 チョゴン チョロッコ＝あれはあれとして

☐ ごめん、ほかのこと考えてた。

ミアン　ッタン　センガカゴ　イッソッソ
미안, 딴 생각하고 있었어.

💡 プラスα　멍때리고 있었어 モンッテリゴ イッソッソ＝ぼうっとしていた

☐ ツメが甘いんだよ。

マムリガ　ホスレ
마무리가 허술해.

😊 表現　直訳では「仕上げがおろそかだ」。「甘い」は韓国語で달다 タルダというが、ここではそのまま달다 タルダを使わないように注意。

☐ ほどほどにしておきなよ。

チョクタンヒ　ヘ
적당히 해.

😊 表現　적당히 チョクタンヒ(ほどほど、適当)と同じ意味で정도껏 チョンドッコッ(ほどほど、適当)もよく使われる。

☐ そうは言ってもさ……。

クレド　クロッチ
그래도 그렇지...

☐ それどういう意味?

クゴ　ムスン　ウィミヤ
그거 무슨 의미야?

💡 プラスα　무슨 말이에요? ムスン マリエヨ＝どういうことですか?

☐ はじめが肝心。

시작이 반이다.
（シジャギ バ ニ ダ）

😊 表現　直訳では「はじまりが半分だ（はじめてしまえば、すでに半分は目標を達成したような ものだ）」。

☐ 苦あれば楽あり。

고생 끝에 낙이 온다.
（コセン ックテ ナ ギ オンダ）

😊 表現　直訳では「苦労の末に楽がくる」。

☐ 笑う門には福来たる。

웃으면 복이 온다.
（ウスミョン ボ ギ オンダ）

😊 表現　直訳では「笑えば福がくる」。

☐ 朝飯前。

누워서 떡 먹기.
（ヌ ウォ ソ ットク モ ク キ）

😊 表現　直訳では「寝転んで餅を食う（くらい簡単なことだ）」。

☐ 花より団子。

금강산도 식후경.
（クムガンサンド シクギョン）

😊 表現　直訳では「金剛山も食後の景色（金剛山の美しい景色も腹ごしらえをしてこそ楽しめ る）」。

☐ 山椒は小粒でもぴりりと辛い。

작은 고추가 더 맵다.
（チャグン コ チュ ガ ト メプタ）

😊 表現　直訳では「小さな唐辛子がもっと辛い（小柄な人や見た目が弱そうな人こそ、強いか もしれない）」。

CHAPTER 3

旅行・滞在

THEME 8 旅の準備

身じたく

音声 1 -38

☐ **パスポート持ってる?**

ヨクォン カ ジ ゴ イッソ
여권 가지고 있어?

> 😊 **表現** 「パスポート」は여권 ヨクォンという。

☐ **パスポートの申請をしなきゃ。**

ヨクォン シンチョンウル ヘ ヤ ゲッタ
여권 신청을 해야겠다.

☐ **ビザは必要?**

ビ ザ ヌン ビ リョ ヘ
비자는 필요해?

☐ **保険は入っておいたほうがいいよ！**

ボ ホ ムン トゥ ヌン ゲ チョ ア
보험은 드는 게 좋아!

> 📖 **文法** 〜는 게 좋아 ヌン ゲ チョ ア＝〜たほうがいい

☐ **下着はたくさん持ったよ。**

ソ ゴ スン マ ニ カ ジ ゴ ワッソ
속옷은 많이 가지고 왔어.

> 💡 **プラスα** 팬티 ペンティ＝パンツ。브래지어 プレジオ＝ブラジャー。양말 ヤンマル＝靴下。생리대 センニデ＝生理用(ナプキン)

☐ **薬は持った?**

ヤ ク カ ジ ゴ ワッソ
약 가지고 왔어?

> ⭐ **カルチャー** 韓国では処方箋がなくても薬を買える薬局がたくさんある。

☐ スーツケースを貸してくれる?

ヨヘンヨンガバン チョム ビルリョ ジュルレ
여행용가방 좀 빌려 줄래?

😊 **表現** 여행용가방 ヨヘンヨンガバン(旅行用カバン)はスーツケースの意味で使われる。

☐ 何時の便を予約する?

ミョッ シ ビヘンギルル イェヤカル コ ヤ
몇 시 비행기를 예약할 거야?

☐ 時差はないよ。

シチャヌン オプソ
시차는 없어.

☐ 日本より寒いのかな?

イルボンボダ チュウルッカ
일본보다 추울까?

💡 **プラスα** 춥다 チュプタ=寒い。덥다 トプタ=暑い。시원하다 シウォナダ=涼しい
따뜻하다 ッタトゥタダ=暖かい

☐ いくら両替していったらいいのかな?

オルマナ ファンジョネソ カヌン ゲ ジョウルッカ
얼마나 환전해서 가는 게 좋을까?

💡 **プラスα** 환전소 ファンジョンソ=両替所。환율 ファニュル=レート(為替)

☐ 物価は安いって聞いたけど。

ムルカガ ッサダゴ トゥロンヌンデ
물가가 싸다고 들었는데.

☐ 現地ツアーを申し込んでおく?

ヒョンジ トゥオルル シンチョンヘ ドゥルレ
현지 투어를 신청해 둘래?

身じたく

□ ガイドブックを持っていくね。

カイドゥブグル　カ　ジ　ゴ　ガルケ
가이드북을 가지고 갈게.

□ 駅から近いホテルがいいな。

ヨ　ゲ　ソ　カッカウン　ホ　テ　リ　チョ　ア
역에서 가까운 호텔이 좋아.

□ 予約したいのですが。

イェヤグル　ハ　ゴ　シブンデヨ
예약을 하고 싶은데요.

□ 空室はありますか?

ピンバン　イッソ　ヨ
빈방 있어요?

💡**プラスα** 빈 ピン=空き。방 パン=部屋。合わせて빈방 ピンバン(空室)になる。빈집
ピンジプ=空き家。빈차 ピンチャ=空車。빈시간 ピンシガン=空き時間

□ 11月3日はあいていますか?

シ　ビ　ルォル　サ　ミルン　ビ　オ　イッソ　ヨ
십일 월 삼 일은 비어 있어요?

🔊**発音** 월 ウォル(月)のときは십 シプ(10)と육 ユク(6)はパッチムを略して発音する。
【시 월 シ ウォル】=10月。【유 월 ユ ウォル】=6月。

□ ツインがいいです。

トゥウィニ　チョ　ア　ヨ
트윈이 좋아요.

💡**プラスα** 싱글 シングル=シングル。더블 トブル=ダブル

90

□ 1泊いくらですか?

イル バゲ オルマイェヨ
일 박에 얼마예요?

□ いちばん安い部屋はいくらですか?

チェイル ッサン パンイ オルマイェヨ
제일 싼 방이 얼마예요?

> **文法** 제일 チェイル(第一)は「いちばん、最も、第一」の意味で使われる。「いちばん」の
> 意味で가장 カジャンも使われる。

□ 大人ふたり、子どもひとりです。

オルン トゥ ミョン アイ ハン ミョンイエヨ
어른 두 명, 아이 한 명이에요.

ホテルの予約

□ 名前は高橋です。

イルムン タカハシイムニダ
이름은 다카하시입니다.

□ 禁煙室がいいです。

クミョンシリ チョアヨ
금연실이 좋아요.

> **プラスα** 흡연실 フビョンシル=喫煙室

□ 朝食つきのプランにしてください。

チョシク ポハムドェン サンプムロ ヘ ジュセヨ
조식 포함된 상품으로 해 주세요.

□ クレジットカードは使えますか?

シニョンカドゥ サヨンハル ス イッソヨ
신용카드 사용할 수 있어요?

> **カルチャー** 韓国はタクシー、地下鉄、電車の利用やコンビニなどでの買い物には、クレジッ
> トカードを使用することが多い。

☐ **Wi-Fiは無料で使えますか?**

ワイ パイ ヌン　ムリョロ　サヨンハル　ス　イッソヨ

와이파이는 무료로 사용할 수 있어요?

⭐ カルチャー 韓国ではデパート、喫茶店、レストランなど、無料のWi-Fiが使えるところが多い。

☐ **予約の変更をお願いしたいのですが。**

イェヤク　ピョンギョンウル　ブ タ カ ゴ　シ プン デ ヨ

예약 변경을 부탁하고 싶은데요.

☐ **何時からチェックインできますか?**

ミョッ　シ プ ト　チェクイ　ナ ル ス　イッ ソ ヨ

몇 시부터 체크인 할 수 있어요?

☐ **日本語が話せる方はいらっしゃいますか?**

イ ル ボ ノ ル ル　マ ラ ル　ス　インヌン　ブ ニ　ケ セ ヨ

일본어를 말할 수 있는 분이 계세요?

😊 表現 분 プン(方)はていねいな言葉。사람 サラム(人)もぜひ知っておこう。

☐ **キャンセル料はいくらですか?**

チュィソ　ビヨンウン　オルマイェヨ

취소 비용은 얼마예요?

😊 表現 「キャンセル料」は취소 비용 チュィソ ビヨン(取消費用)。

☐ **予約したはずですが。**

プンニョンヒ　イェヤグル　ヘンヌンデヨ

분명히 예약을 했는데요.

😊 表現 直訳では「たしかに予約したのですが」。

☐ **ほかに部屋はありませんか?**

タ ル ン　バ ン ウ ン　オ プ ソ ヨ

다른 방은 없어요?

THEME 9 空港・機内・ホテル

空港

音声 1 -40

空港

☐ **チェックインカウンターはどこですか?**

チェクイン カウントガ オディイェヨ
체크인 카운터가 어디예요?

🎵 **発音** 카운터 カウント(カウンター)の最後の터は日本語の「ト」より、少し口を大きく開けて発音する。

☐ **ソウル行きです。**

ソウレンイムニダ
서울행입니다.

🌙 **文法** ~행 ヘン(~行き)

☐ **荷物を預けたいのですが。**

チムル マッキゴ シブンデヨ
짐을 맡기고 싶은데요.

😊 **表現** 짐을 맡기다 チムル マッキダ(荷物を預ける)

☐ **荷物はこれで全部です。**

チムン イゲ チョンブイェヨ
짐은 이게 전부예요.

☐ **これは機内に持ち込めますか?**

イゴン キネエ トゥルゴ トゥロガル ス イッソヨ
이건 기내에 들고 들어갈 수 있어요?

💡 **プラスα** 수하물 スハムル=手荷物

☐ **機内に持ち込める荷物はいくつですか?**

キネエ トゥルゴ トゥロガル チミ ミョッ ケイェヨ
기내에 들고 들어갈 짐이 몇 개예요?

😊 **表現** 「持ち込める」は들고 들어가다 トゥルゴ トゥロガダ(持って入っていく)という。

93

☐ 重量制限はありますか?

ムゲ チェハニ イッソヨ
무게 제한이 있어요?

☐ 窓側の席がいいです。

チャンカ チャリガ チョアヨ
창가 자리가 좋아요.

> 💡 **プラスα** 通路側 トンノッチョク＝通路側

☐ 隣の席にしてください。

ヨプチャリロ ヘ ジュセヨ
옆자리로 해 주세요.

> 💡 **プラスα** 뒷자리 トゥッチャリ＝後ろの席。앞자리 アプチャリ＝前の席

☐ 出発ゲートはどこですか?

チュルバル ケイトゥヌン オディイェヨ
출발 게이트는 어디예요?

> 💡 **プラスα** 탑승시간이 몇 시예요? タプスンシガニ ミョッ シイェヨ＝搭乗時間は何時ですか?

☐ 荷物が出てこないのですが……。

チミ アン ナオヌンデヨ
짐이 안 나오는데요...

> 💡 **プラスα** 짐 찾는 곳은 어디예요? チム チャンヌン ゴスン オディイェヨ＝預けた荷物の受け取りレーンはどこですか?

☐ かばんが壊れていました！

カバニ プソジョ イッソッソヨ
가방이 부서져 있었어요!

☐ 機内に忘れ物をしてしまったのですが……。

キネエ ムルゴヌル トゥゴ ワンヌンデヨ
기내에 물건을 두고 왔는데요...

> 😊 **表現** 直訳では「機内にものをおいてきたんですが」。잊어버린 물건 イジョボリン ムルゴン（忘れ物）

94

◻ トランジットツアーに参加したいです。

トゥレンジットゥオエ チャムガハゴ シ ボ ヨ
트랜짓투어에 참가하고 싶어요.

機内 音声 1 -41

機
内

◻ 荷物をあげるのを手伝っていただけますか?

チム オルリヌン ゴ チョム ト ワ ジュシゲッソヨ
짐 올리는 거 좀 도와 주시겠어요?

💡 **プラスα** 객실승무원 ケクシルスンムウォン＝客室乗務員。「地上職員」は공항서비스직원 コンハンソビスジグォン(空港サービス職員)という。

◻ すみません、ひざ掛けをください。

チェソンハジマン タムニョ チュセヨ
죄송하지만 담요 주세요.

💡 **プラスα** 베개 ベゲ＝まくら

◻ シートベルトをお締めください。

アンジョンベルトゥルル メ ジュセヨ
안전벨트를 매 주세요.

◻ お飲み物は何にしますか?

ウムニョヌン ムォルロ ハシゲッソヨ
음료는 뭘로 하시겠어요?

🎵 **発音** 음료(飲み物)は【음뇨 ウムニョ】と発音。

◻ コーヒーをお願いします。

コ ピ ブタカムニダ
커피 부탁합니다.

🎵 **発音** 커피 コピ(コーヒー)と似た発音で、코피 コピ(鼻血)がある。【커 コ】は口を大きく開ける。【코 コ】は口を小さく丸くする。

95

☐ あたたかいお茶はありますか?

ッタットゥタン チャ イッソヨ
따뜻한 차 있어요?

💡 プラスα 차가운 차 チャガウン チャ=冷たいお茶

☐ 機内食は何が出てくるのかな?

キ ネ シ グン ムォガ ナオルッカ
기내식은 뭐가 나올까?

☐ 韓国料理と和食があるみたい。

ハングン ヨ リ ハ ゴ イルボンシギ インヌン ゴ ガ タ
한국 요리하고 일본식이 있는 거 같아.

💡 プラスα 한식 ハンシク=韓国料理(直訳:韓食)。일식 イルシク=和食(直訳:日食)。중식
チュンシク=中華料理(直訳:中食)。양식 ヤンシク=洋食

☐ 機内食はいりません。

キ ネ シ グン ピ リョオプソヨ
기내식은 필요없어요.

☐ 映画の見方を教えてください。

ヨンファ ボ ヌン パンボブル アルリョ ジュ セ ヨ
영화 보는 방법을 알려 주세요.

☐ 日本語の字幕にしたいです。

イルボノ チャマグロ ハ ゴ シ ボ ヨ
일본어 자막으로 하고 싶어요.

💡 プラスα 더빙 トビン=吹き替え

☐ ちょっと出ますね。

チョム ナ ガ ル ケ ヨ
좀 나갈게요.

◯ 揺れるね。

흔들리네.
フンドゥルリネ

(◡) 表現 흔들리다 フンドゥルリダ (揺れる)。흔들흔들 フンドゥルフンドゥル (ゆらゆら、ぐらぐら)

◯ この飛行機、大丈夫かな?

이 비행기 괜찮을까?
イ ビヘンギ クェンチャヌルッカ

◯ 何があったの?

무슨 일이야?
ムスン ニリヤ

◯ 現地は悪天候だって。

현지는 악천후래.
ヒョンジヌン アクチョヌレ

◯ 気分が悪くなってしまいました。

속이 안 좋아요.
ソギ アン チョアヨ

(◡) 表現 속이 안 좋다 ソギ アン チョッタ (おなかの具合が悪い、気もち悪い)

◯ 入国カードをもらえますか?

입국카드 주실래요?
イプククカドゥ チュシルレヨ

(💡) プラスα 세관신고서 セグァンシンゴソ=税関申告書。출국카드 チュルグクカドゥ=出国カード

◯ 免税品はいつ買えますか?

면세품은 언제 살 수 있어요?
ミョンセプムン オンジェ サル ス イッソヨ

(💡) プラスα 면세품 판매는 언제 시작해요? ミョンセプム パンメヌン オンジェ シジャケヨ=免税品販売はいつはじめますか?

97

なりきりミニ会話

○ チェックインをお願いします。
チェクイン ブ タ カ ム ニ ダ
체크인 부탁합니다.

○ お名前を教えてもらえますか?
ソン ハ ミ オットッケ トェシムニッカ
성함이 어떻게 되십니까?

○ 予約をした高橋です。
イェヤカン タ カ ハ シ イェ ヨ
예약한 다카하시예요.

○ パスポートを見せてください。
ヨ クォン ボ ヨ ジュセヨ
여권 보여 주세요.

○ はい。どうぞ。
ネ ヨ ギ ヨ
네. 여기요.

○ 宿泊カードのご記入をお願いします。
スクパク カ ドゥ キ イ ブ ル ブ タ ク トゥ リ ム ニ ダ
숙박 카드 기입을 부탁드립니다.

☐ チェックイン時間まで荷物を預けてもいいですか?

チェクイ ナル ッテッカジ チムル マッキョド ドェヨ
체크인 할 때까지 짐을 맡겨도 돼요?

🔷 **文法** 어도 돼요? オド ドェヨ(してもいいですか?)

☐ 朝食はどこで食べられますか?

チョシグン オディエソ モグル ス イッソヨ
조식은 어디에서 먹을 수 있어요?

💡 **プラスα** 중식 チュンシク=昼食。석식 ソクシク=夕食

☐ 朝食は何時から何時までですか?

チョシグン ミョッ シ ブト ミョッ シッカジイェヨ
조식은 몇 시부터 몇 시까지예요?

💡 **プラスα** 아침밥 アチムパプ=朝ごはん。점심밥 チョムシムパプ=昼ごはん。저녁밥 チョニョクパプ=夜ごはん

☐ カードは使えますか?

シニョンカドゥ サヨンハル ス イッソヨ
신용카드 사용할 수 있어요?

☐ ルームサービスをお願いします。

ルムソビスルル ブタカムニダ
룸서비스를 부탁합니다.

☐ 日本のテレビ番組はうつりますか?

イルボン テルレビジョン パンソンド ナ ワ ヨ
일본 텔레비전 방송도 나와요?

☐ **鍵が開かないのですが。**

ム ニ   アン ニョルリヌンデヨ
문이 안 열리는데요.

😊 **表現** 直訳では「門が開かないのですが」。

☐ **暖房がつかないのですが。**

ナンバンイ アン トェヌンデヨ
난방이 안 되는데요.

💡 **プラスα** 냉방 ネンバン＝冷房。에어컨 エオコン＝エアコン

☐ **お湯が出ないのですが。**

ットゥゴウン ム リ アン ナオヌン デ ヨ
뜨거운 물이 안 나오는데요.

💡 **プラスα** 뜨거운 물 ットゥゴウン ムル＝熱い水（お湯）。차가운 물 チャガウン ムル＝冷たい水

☐ **インターネットがつながりません。**

イントネッ ヨンギョリ アン ドェヨ
인터넷 연결이 안 돼요.

☐ **部屋にカードキーを置いてきてしまいました。**

バンエ カドゥキルル トゥゴ ワッソヨ
방에 카드키를 두고 왔어요.

💡 **プラスα** 열쇠 ヨルスェ＝鍵

☐ **隣の部屋がうるさいです。**

ヨッ バンイ シックロウォヨ
옆 방이 시끄러워요.

💡 **プラスα** 윗방 ウィッパン＝上の部屋。아랫방 アレッパン＝下の部屋

☐ **部屋に虫がいます。**

バンエ ポルレガ イッソヨ
방에 벌레가 있어요.

💡 **プラスα** 바퀴벌레 パクィボルレ＝ゴキブリ。쥐 チュィ＝ねずみ

☐ シーツとタオルを取り替えてください。

<small>シ トゥ ハ ゴ ス ゴン カ ラ ジュ セ ヨ</small>
시트하고 수건 갈아 주세요.

☐ 部屋の掃除は不要です。

<small>パン チョンソヌン ビ リョ オ ブ ソ ヨ</small>
방 청소는 필요없어요.

☐ タクシーを呼んでもらえますか？

<small>テ ク シ ブ ル ロ ジュ シ ル レ ヨ</small>
택시 불러 주실래요?

★カルチャー 韓国では道でタクシーを拾うこともあるが、ネットや電話でCallタクシーを呼ぶ
   ことも多い。

☐ 領収書をください。

<small>ヨンスジュン チュ セ ヨ</small>
영수증 주세요.

☐ チェックアウトをお願いします。

<small>チェ ク ア ウッ ブ タ カ ム ニ ダ</small>
체크아웃 부탁합니다.

☐ 延泊したいのですが。

<small>ス ク バ グ ル ヨンジャンハ ゴ シ ブン デ ヨ</small>
숙박을 연장하고 싶은데요.

☺ 表現 直訳では「宿泊を延長したいのですが」。

☐ 荷物を運んでもらえますか？

<small>チ ム ル オ ム ギョ ジュ シ ル レ ヨ</small>
짐을 옮겨 주실래요?

♪ 発音 パッチム「ㄻ」は「ㅁ」だけ発音する。つまり、옮기다(運ぶ)の発音は【옴기다 オムギ
   ダ】になる。

101

韓国の住宅事情

아파트
〔アパート〕

　まず、韓国でいちばん人気の住居形態といえば、「아파트（アパート）」。日本のマンションのイメージに近く、高い階層の部屋が韓国では人気です。家賃形態は賃貸と分譲に分かれており、賃貸はさらに「전세（傳貰）」と「월세（月貰）」の２種類があります。전세は賃貸契約時にまとまった代金の保証金を払うことで、月々家賃を払わなくてもいいシステムです。契約期間終了時に保証金は全額返金されます。契約期間は２年が多く、契約終了後は持主との交渉によって続けて住むことも可能です。もう一方の월세は、毎月決められた額を家賃として払うシステムのことをいいます。

　２つ目は「다세대주택（多世代住宅）」で、日本のアパートのようなタイプ。ワンルームが多く、最上階には「옥탑방（屋根裏部屋）」があります。韓国ドラマでもよく見かける部屋です。家賃が安いぶん、冬は寒く、夏は暑いのがデメリット。さらに「반지하（半地下）」もあります。日が当たらず、ジメジメしているため、家賃は最上階よりも、さらに安くなります。安く住めるので、韓流アイドルが売れる前によく住んでいます。

다세대주택
〔多世代住宅〕

屋根裏部屋
옥탑방

半地下
반지하

日本のマンションが韓国ではアパートといわれる？

韓国の住宅事情は、じつは日本とは大きく異なります。留学やワーキングホリデー、または転勤などで韓国に住む場合、どんな住居を選べばいいのか、4つのタイプに分けて韓国の住宅事情を見てみましょう。

단독주택

[単独住宅]

3つ目は「단독주택（単独住宅）」で、日本の一戸建てのようなタイプ。伝統家屋もありますが、マンションにくらべるとあまり人気はありません。購入して住む場合がほとんどです。

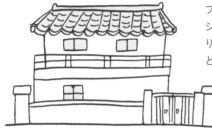

4つ目は「고시원（考試院）」。もともとは国家試験の受験生たちが勉強に集中するために作られた施設でしたが、今は学生から社会人まで、ひとり暮らしの人が多く利用しています。ビルの1フロアだけが고시원という場合もあります。部屋は小さく、ベッドや机が設置されているワンルームタイプがほとんど。シャワー室は、部屋に設置されている場合もあれば、共同で使う施設もあります。

고시원

[考試院]

103

THEME 10 交通手段

タクシー

音声 1 -44

○ 空港までお願いします。

コン ハン ッカジ ブ タ カ ム ニ ダ
공항까지 부탁합니다.

💡 **プラスα** 공항까지 가 주세요 コンハンッカジ カ ジュセヨ＝空港まで行ってください

○ 明洞までどれぐらいかかりますか?

ミョンドンッカジ オ ヌ ジョンド コルリョヨ
명동까지 어느 정도 걸려요?

😊 **表現** 어느 정도 オヌ ジョンド（どのぐらい、どれぐらい）。似た意味で얼마나 オルマナ（どれぐらい）

○ この住所までお願いします。

イ チュソッカジ ブ タ カ ム ニ ダ
이 주소까지 부탁합니다.

○ 窓を開けてもいいですか?

チャンムヌル ヨ ロ ド ドェヨ
창문을 열어도 돼요?

★ **カルチャー** 韓国のタクシーはドアが手動なので、自分でドアを開ける必要がある。

○ トランクを開けてもらえますか?

トゥロンク ヨ ロ ジュシルレヨ
트렁크 열어 주실래요?

💡 **プラスα** 열다 ヨルダ＝開ける。닫다 タッタ＝閉める

○ メーターが動いていませんよ!

メ ト ガ モムチュォ イッソヨ
메터가 멈춰 있어요!

😊 **表現** 直訳では「メーターが止まっています」。

☐ 飛行機の時間がギリギリなので、急いでください！

ピ ヘン ギ シ ガ ニ イム バ ケ ソ チョム ソ ドゥル ロ ジュ セ ヨ
비행기 시간이 임박해서 좀 서둘러 주세요!

😊 **表現** 임박하다 イムバカダ(迫る)。아슬아슬 アスルアスル(ギリギリ)という言葉もある。

☐ 前の車についていってください。

ア ベ チャ ルル ッ タ ラ ガ ジュ セ ヨ
앞에 차를 따라가 주세요.

☐ ゆっくり走ってください。

チョン チョ ニ カ ジュ セ ヨ
천천히 가 주세요.

💡 **プラスα** 빨리 ッパルリ＝早く。서둘러 ソドゥルロ＝急いで

☐ 次の信号を右です。

タ ウム シ ノ ドゥン エ ソ オ ルン ッ チョ ギ エ ヨ
다음 신호등에서 오른쪽이에요.

💡 **プラスα** 오른쪽 オルンッチョク＝右。왼쪽 ウェンッチョク＝左

☐ あと何分ぐらいですか？

ア プ ロ ミョッ プン ジョン ド コル リョ ヨ
앞으로 몇 분 정도 걸려요?

タクシー／バス

バス

音声 1 -45

☐ バス乗り場はどこですか？

ポス ジョン ニュ ジャン イ オ ディ イ エ ヨ
버스정류장이 어디예요?

🎵 **発音** 乗り場の정류장(直訳：停留場)は【정뉴장 ジョンニュジャン】と発音する。

☐ どのバスに乗ればいいですか?

어느 버스를 타면 돼요?
<small>オヌ ボスルル タミョン ドェヨ</small>

> 🔊 **文法** 〜면 돼요? ミョン ドェヨ(〜すればいいですか?)

☐ バスの路線図を見たいです。

버스 노선도를 보고 싶어요.
<small>ボス ノソンドルル ボゴ シボヨ</small>

☐ 交通カードはどこで買えますか?

교통카드는 어디에서 살 수 있어요?
<small>キョトンカドゥヌン オディエソ サル ス イッソヨ</small>

> ⭐ **カルチャー** 韓国ではコンビニで交通カードを購入でき、チャージも可能。

☐ 運転手さん、このバスはソウル駅に行きますか?

기사님, 이 버스 서울역에 가요?
<small>キサニム イ ボス ソウルリョゲ カヨ</small>

> 😊 **表現** 「運転手」は운전수 ウンジョンスというが、呼び方として使われることはない。「運転手さん」と呼ぶときは기사님 キサニム(技士様)という。

☐ 昌徳宮で降りたいのですが。

창덕궁에서 내리고 싶은데요.
<small>チャンドックンエソ ネリゴ シプンデヨ</small>

> ⭐ **カルチャー** 昌徳宮はソウルにある李氏朝鮮の宮殿で、世界遺産に登録されている。

☐ ここには行きますか?

여기는 가요?
<small>ヨギヌン カヨ</small>

☐ お札は使えますか?

지폐를 사용할 수 있어요?
<small>チペルル サヨンハル ス イッソヨ</small>

> ⭐ **カルチャー** 韓国のお札には1000ウォン、5000ウォン、1万ウォン、5万ウォンの4種類がある。

☐ **小銭がないんです。**

トンジョニ オプソヨ
동전이 없어요.

> ★カルチャー 韓国ではバスに乗るときに、1枚の交通カードで複数名分の料金を払うことができる。

☐ **降りますー！**

ネリョヨ
내려요!

☐ **どうぞ座ってください。**

ヨギ アンジュセヨ
여기 앉으세요.

> ☺ 表現 日本語の「どうぞ」にぴったりな韓国語の単語はない。ここでは「ここに座ってください」という表現が使われている。バスに乗るときの「どうぞ」は먼저 타세요 モンジョ タセヨ（先に乗ってください）。

地下鉄・電車

地下鉄・電車　　　　　　　　　音声1 -46

☐ **弘大入口駅に行く道を教えてください。**

ホンデイック ヨゲ カヌン ギルル カルチョ ジュセヨ
홍대입구역에 가는 길을 가르쳐 주세요.

☐ **地下鉄の切符はどこで買えますか？**

チハチョル ピョヌン オディエソ サル ス イッソヨ
지하철 표는 어디에서 살 수 있어요?

> ⚲ プラスα 전철 チョンチョル＝電車。기차 キチャ＝汽車

☐ **江南駅まで行きたいです。**

カンナムニョックッカジ カゴ シポヨ
강남역까지 가고 싶어요.

107

☐ 狎鴎亭駅までいくらですか?
アックジョン

アプクジョンヨッカジ　オルマイェヨ
압구정역까지 얼마예요?

☐ 東大門駅まで、大人と子ども1枚ずつください。
トン デ ムン

トンデムンニョックッカジ　オルナゴ　アイ　ハン　ジャンッシク　チュセヨ
동대문역까지 어른하고 아이 한 장 씩 주세요.

☐ カードが読み取れません。

カドゥガ　ア　ニルキョヨ
카드가 안 읽혀요.

☐ まちがって入りました。

チャルモッ　トゥロカッソヨ
잘못 들어갔어요.

💡**プラスα** 잘못 나왔어요 チャルモッ ナワッソヨ＝まちがって出ました

☐ 急行に乗りたいです。

クペンウル　タゴ　シポヨ
급행을 타고 싶어요.

😊 **文法** 韓国語では에 타다 エ タダ(に乗る)ではなく、을 타다 ウル タダ(を乗る)という。

☐ どこで乗り換えればいいですか?

オディエソ　カラタミョン　ドェヨ
어디에서 갈아타면 돼요?

😊 **表現** 갈아타다 カラタダ(乗り換える)

☐ 切符をなくしてしまったのですが。

ピョルル　イロボリョンヌンデヨ
표를 잃어버렸는데요.

💡**プラスα** 잃어버리다 イジョボリダ＝忘れる、忘れてしまう

☐ コインロッカーはありますか?

물품보관함이 있어요?

ムルプムボグァナミ イッソヨ

😊 **表現** 물품보관함 ムルプムボグァナム(品物保管箱)

☐ KTXに乗りたいのですが。

ＫＴＸ를 타고 싶은데요.

ケイティエクスルル タ ゴ シプンデヨ

☐ 予約はできますか?

예약할수 있어요?

イェヤカルス イッソヨ

☐ 忘れ物預り所はどこですか?

분실물 보관소가 어디예요?

プンシルムル ボグァンソガ オディイェヨ

😊 **表現** 분실물 보관소 プンシルムル ボグァンソ(紛失物保管所)

☐ トイレはどこですか?

화장실이 어디예요?

ファジャンシリ オディイェヨ

😊 **表現** 「トイレ」は화장실 ファジャンシル(化粧室)という。

☐ エレベーターを探しています。

엘리베이터를 찾고 있어요.

エルリベイトルル チャッコ イッソヨ

💡 **プラスα** 에스컬레이터 エスコルレイト=エスカレーター

☐ 何番出口から出ればいいですか?

몇 번 출구에서 나가면 돼요?

ミョッ ボン チュルグエソ ナガミョン ドェヨ

💡 **プラスα** 출구 チュルグ=出口。입구 イプク=入口

THEME 11 観光する

観光

 音声 1 -47

☐ どこに行く?

어디 가?
オディ カ

☐ 行きたいところはある?

가고 싶은 곳 있어?
カゴ シプン ゴッ イッソ

☐ 明洞でショッピングがしたい!
ミョンドン

명동에서 쇼핑을 하고 싶어!
ミョンドンエソ ショピンウル ハゴ シポ

☐ 東大門市場に行きたいです!
トン デ ムン

동대문시장에 가고 싶어요!
トンデムンシジャンエ カゴ シポヨ

⭐**カルチャー** ソウルの有名な市場は、東大門市場以外に광장시장 クァンジャンシジャン(広蔵市場)、남대문시장 ナムデムンシジャン(南大門市場)がある。

☐ ここは何が有名ですか?

여기는 뭐가 유명해요?
ヨギヌン ムォガ ユミョンヘヨ

☐ オプショナルツアーはどんなものがありますか?

옵션투어는 어떤 게 있어요?
オプショントゥオヌン オットン ゲ イッソヨ

♪**発音** 韓国では長音がないので「ツアー」も短く【투어 トゥオ】と発音。「コーヒー」も【커피 コピ】になる。

☐ 日本語のツアーに参加したいです。

イルボノ　トゥオエ　チャムガハゴ　シボヨ
일본어 투어에 참가하고 싶어요.

☐ ツアーを申し込んでいたはずですが。

プンミョンヒ　トゥオルル　シンチョンヘッソンヌンデヨ
분명히 투어를 신청했었는데요.

😊 **表現** 신청하다　シンチョンハダ(申し込む、申請する)

☐ どこで申し込めばいいですか?

オディエソ　シンチョンハミョン　ドェヨ
어디에서 신청하면 돼요?

☐ 何時にどこに集合ですか?

ミョッ　シエ　オディエソ　チパペヨ
몇 시에 어디에서 집합해요?

😊 **表現** 집합해요　チパペヨ(集合します)

☐ 8時にホテルのロビー集合です。

ヨドル　シエ　ホテル　ロビエソ　チパビエヨ
여덟 시에 호텔 로비에서 집합이에요.

☐ レンタカー借りようよ。

レントカルル　ビルリジャ
렌터카를 빌리자.

⭐**カルチャー** 日本では車の右側に運転席があるが、韓国は左側に運転席がある。車道も右側通行で日本と反対。

☐ 写真を撮っていただけますか?

サジヌル　ッチゴ　ジュシゲッソヨ
사진을 찍어 주시겠어요?

111

☐ 1、2、3、キムチ！（写真を撮るときの掛け声）

ハ ナ トゥル セッ キ ム チ
하나 둘 셋 김치!

⭐カルチャー 日本では写真を撮るときに「チーズ」と言うが、韓国では「キムチ」。

☐ 夜景がきれいなレストランに行きたいな。

ヤ ギョンイ イェップン レ ス ト ラ ン エ カ ゴ シ プ タ
야경이 예쁜 레스토랑에 가고 싶다.

💡プラスα 경치 좋은 キョンチ チョウン＝景色がいい。분위기 좋은 プニギ チョウン＝雰囲気がいい

☐ 入場料はいくらですか?

イ プッチャンニョガ オ ル マ イ ェ ヨ
입장료가 얼마예요?

🔊発音 입장료（入場料）は【입짱뇨 イプッチャンニョ】と発音する。

☐ ひとり3000ウォンです。

ハン サ ラ ム ダン サ ム チョ ヌ ォ ニ エ ヨ
한 사람당 삼천 원이에요.

😊表現 한 사람당 ハン サラムダン（ひとり当たり）

☐ 荷物を預けられるところはありますか?

チ ム ル マ ッキル ス イ ン ヌ ン ゴ シ イ ッソ ヨ
짐을 맡길 수 있는 곳이 있어요?

☐ 歩き疲れちゃった。

ノ ム コ ロ ソ ピ ゴ ネ
너무 걸어서 피곤해.

😊表現 直訳では「とても歩いて疲れる」。

☐ どこかで休憩しよう。

オ ディン ガ エ ソ シュイジャ
어딘가에서 쉬자.

💡プラスα 어딘가 オディンガ＝どこか。언젠가 オンジェンガ＝いつか。누군가 ヌグンガ＝誰か

おすすめスポット

☐ おすすめの観光スポットはどこですか?

チュチョン クァンクァン ミョンソガ オディイェヨ
추천 관광 명소가 어디예요?

☐ おしゃれなエリアはどこですか?

モッスロウン チヨギ オディイェヨ
멋스러운 지역이 어디예요?

😊 **表現** 「おしゃれ」は멋스럽다 モッスロプタだが、分囲気 있다 プニギ イッタ(雰囲気がある)を使うこともある。分囲気 있는 지역 プニギ インヌン チヨク(おしゃれなエリア)

おすすめスポット

☐ ガイドブックに載っていないお店を教えてください。

カイドゥブゲ アン シルリン カゲルル カルチョ ジュセヨ
가이드북에 안 실린 가게를 가르쳐 주세요.

☐ ドラマのロケ地に行きたい!

トゥラマ チョァリョンジエ カゴ シポ
드라마 촬영지에 가고 싶어!

⭐**カルチャー** 韓国のドラマは視聴率が低いと、すぐに打ち切られることも。なかには視聴者のコメントでストーリーが変わることさえある。

☐ 世界遺産を見に行きたいです!

セゲユサヌル ボロ カゴ シポヨ
세계유산을 보러 가고 싶어요!

⭐**カルチャー** 韓国の世界遺産は12カ所あり、アジアでは日本に続く4番目の保有国。

☐ インスタ映えするかわいいカフェに行こう!

インスタバル チャル パンヌン クィヨウン カベエ カジャ
인스타발 잘 받는 귀여운 카페에 가자!

😊 **表現** 발 パル(映え)は名詞の後ろにつく。よりすてきに見える効果を表わす言葉で、発音するときに強く【빨 ッパル】と発音するため、最近は書き言葉でも인스타빨 インスタッパルと使うこともある。

113

☐ コスメショップに行きたい。

ファジャンプム カ ゲ エ カ ゴ シ ポ
화장품 가게에 가고 싶어.

☐ グルメスポットに連れて行って！

マッチプ ミョンソエ テリョガ ジュォ
맛집 명소에 데려가 줘!

😊 **表現** 맛집 マッチプ(おいしいお店)は맛있다 マシッタ(おいしい)と집 チプ(店)がいっしょ
に使われている。

両替

☐ 両替所はどこですか？

ファンジョンソガ オディイェヨ
환전소가 어디예요?

☐ 円をウォンに両替してください。

エ ヌ ル ウォ ヌ ロ ファンジョネ ジュ セ ヨ
엔을 원으로 환전해 주세요.

💡 **プラスα** 천 엔도 환전 돼요? チョ ネンド ファンジョン ドェヨ＝1000円も両替できますか？

☐ 1000ウォンに両替してください。

チョ ヌ ォ ヌ ロ ファンジョネ ジュ セ ヨ
천 원으로 환전해 주세요.

📖 **文法** 日本語の「に」は韓国語で으로 ウロ(方向、変化を表わす)、または에 エ(場所、時
間を表わす)と訳されることが多い。

☐ 小銭をまぜてください。

トンジョヌル ソッコ ジュ セ ヨ
동전을 섞어 주세요.

😊 **表現** 「まぜる」に섞다 ソッタと비비다 ピビダがある。비비다はものとものを擦り合わせ
る意味が強い。비빔밥 ピビムパプ(まぜご飯)に비비다が使われている。

☐ レートのいい両替所を知りたいのですが。

ファニュリ チョウン ファンジョンソルル アルゴ シプンデヨ
환율이 좋은 환전소를 알고 싶은데요.

🎵 **発音** 환율(レート)は【화늘 ファニュル】と発音する。

☐ 近くに両替できるところはありますか?

クンチョエ ファンジョナル ス インヌン ゴ シ イッソヨ
근처에 환전할 수 있는 곳이 있어요?

トラブル対応

音声 1 -50

☐ どろぼう!

トドゥギャ
도둑이야!

😊 **表現** 直訳では「どろぼうだ」。

☐ 助けて!

サルリョ ジュセヨ
살려 주세요!

😊 **表現** 何か身に危険を感じたときは살려 주세요 サルリョ ジュセヨ(助けてください、生かしてください)という。

☐ バッグをひったくられた!

カバンウル ナルチギ タンヘッソ
가방을 날치기 당했어!

😊 **表現** 날치기 당하다 ナルチギ タンハダは、直訳では「ひったくりされる」だが、「ひったくられる、ひったくりにあう」の意味で使われる。

☐ 財布をなくしちゃった!

チガブル イロボリョッソ
지갑을 잃어버렸어!

💡 **プラスα** 도둑맞았어 トドゥンマジャッソ=盗まれた。떨어뜨렸어 ットロットゥリョッソ=落とした

☐ スリにあったみたい……。

ソ メ チ ギ タンハン ゴ ガ タ
소매치기 당한 거 같아...

💡 プラスα 치한을 만났어 チハヌル マンナッソ＝痴漢にあった

☐ パスポートがない！

ヨ ク ォ ニ オ プ ソ
여권이 없어!

☐ 警察に行かなくちゃ。

キョンチャルソエ カ ヤ ヘ
경찰서에 가야 해.

💡 プラスα 경찰서 キョンチャルソ＝警察署。파출소 パチュルソ＝交番

☐ 日本大使館はどこですか？

イ ル ボ ン デ サ グ ァ ニ オ ディ イ ェ ヨ
일본대사관이 어디예요?

⭐ カルチャー ソウルの日本大使館は、朝鮮王朝の王宮で人気観光名所の경복궁 キョンボックン（景福宮）の近くにある。

☐ 家族に連絡したいです。

カ ジ ョ ゲ ゲ ヨ ル ラ カ ゴ シ ボ ヨ
가족에게 연락하고 싶어요.

☐ ぼったくりにあいました。

バ ガ ジ ッ ソ ッ ソ ヨ
바가지 썼어요.

💡 プラスα 사기를 당했어요 サギルル タンヘッソヨ＝詐欺にあいました。속았어요 ソガッソ
ヨ＝だまされました

☐ お金を返してください。

ト ヌ ル ト ル リ ョ ジ ュ セ ヨ
돈을 돌려 주세요.

◻ 警察に通報しますよ。

キョンチャランテ シンゴハル コイェヨ
경찰한테 신고할 거예요.

> 🔵 文法　「〜に」は人や生き物といっしょに使われるときは한테 ハンテ。同じ意味で에게
> エゲもある。

◻ 気分が悪いです。

ソ ギ アン チョ ア ヨ
속이 안 좋아요.

◻ 薬をもらえますか?

ヤ グル パ ドゥル ス イッ ソ ヨ
약을 받을 수 있어요?

◻ 病院に連れて行ってください。

ビョンウォネ テ リ ゴ カ ジュ セ ヨ
병원에 데리고 가 주세요.

◻ 救急車を呼んで!

クグプチャル ル プル ロ ジュ セ ヨ
구급차를 불러 주세요!

> ⭐ カルチャー　韓国の救急車は公営(無料)と民営(有料)がある。公営は数が少なく、すぐに来
> ないので、民営を利用する人が多い。

◻ 保険に入っていないんです。

ボ ホ メ アン トゥ ロッ ソ ヨ
보험에 안 들었어요.

◻ カード会社に連絡しなきゃ。

カ ドゥ フェ サ エ ヨル ラ ケ ヤ ヘ
카드 회사에 연락해야 해.

> 🔵 文法　〜어야 하다 オヤ ハダ(〜しなければいけない、〜しなきゃ、〜すべきだ)

117

THEME 12 道をたずねる

道を聞く

音声 1-51

☐ **道に迷ってしまいました。**

キルル ヘメゴ イッソヨ
길을 헤매고 있어요.

🙂 **表現** 同じ意味で、길을 잃었어요 キルル イロッソヨもある。

☐ **歩いて行ける距離ですか?**

コロソ カル ス インヌン コリイェヨ
걸어서 갈 수 있는 거리예요?

💡 **プラスα** 도보로 トボロ=徒歩で

☐ **どっちに曲がればいいですか?**

オヌッ チョグロ トルミョン ドェヨ
어느 쪽으로 돌면 돼요?

☐ **地図に書いてください。**

チド エ ッソ ジュセヨ
지도에 써 주세요.

🙂 **表現** 「書く」は쓰다 ッスダまたは적다 チョクタを使う。적어 주세요 チョゴ ジュセヨ(書いてください)でもよい。

☐ **方向音痴なんです。**

バンヒャンチイェヨ
방향치예요.

💡 **プラスα** 길치 キルチ=方向音痴。음치 ウムチ=音痴。박치 パクチ=音程がとれない、ワンポイントずれている。몸치 モムチ=ダンスや運動ができない

☐ **現在地が知りたいです。**

ヒョンジェ ウィチルル アルゴ シボヨ
현재 위치를 알고 싶어요.

🙂 **表現** 현재 위치 ヒョンジェ ウィチ(現在位置)

道を教える

音声 1 -52

☐ **この通りをまっすぐ行けば着きます。**

イ キルル ッチュク カミョン ト チャケ ヨ
이 길을 쭉 가면 도착해요.

😊 **表現** 「まっすぐ行く」は쭉 가다 ッチュク カダまたは똑바로 가다 ットクパロ ガダを使う。

☐ **その店は反対側にあります。**

ク カ ゲ ヌン パンデッチョゲ イッソヨ
그 가게는 반대쪽에 있어요.

💡 **プラスα** 맞은편 マジュンピョン、건너편 コンノピョン＝向かい側

☐ **右に曲がってください。**

オルンッチョグロ ト セ ヨ
오른쪽으로 도세요.

📖 **文法** 「〜してください」は(으)세요（ウ）セヨ(ていねいな命令)、아 / 어 주세요 ア/オ ジュセヨ(お願いする、依頼する)が使われる。

☐ **タクシーで行ったほうがいいですよ。**

テ ク シ ロ カ ヌン ゲ ジョア ヨ
택시로 가는 게 좋아요.

📖 **文法** 〜는 게 좋아요 ヌン ゲ ジョアヨ(〜するほうがいいです)

☐ **まっすぐ行って、つきあたりを左です。**

ッチュク カ ソ マ ク タルン キ レ ソ ウェンッチョギエ ヨ
쭉 가서 막다른 길에서 왼쪽이에요.

💡 **プラスα** 「交差点、十字路」は사거리 サゴリ(四字路)。

☐ **あの角を曲がればすぐです。**

チョ モトゥンイル ル トルミョン パ ロ イ エ ヨ
저 모퉁이를 돌면 바로예요.

道を聞く／道を教える

道をたずねる

▢▢▢ はどこですか?

▢▢▢ **어디예요?**
オディイェヨ

ホテル
ホテル
호텔

コンビニ
ピョニジョム
편의점

レストラン
レストラン
레스토랑

このホテル
イ ホテル
이 호텔

百貨店
ヘクァジョム
백화점

空港
コンハン
공항

病院
ビョンウォン
병원

市場
シジャン
시장

お手洗い
ファジャンシル
화장실

コンサート会場
コンソトゥ フェジャン
콘서트 회장

駅
ヨク
역

121

☐ ご案内しますね。

<ruby>アンネヘ ドゥリルケヨ</ruby>
안내해 드릴게요.

> **文法** ～어 드릴게요 オ ドゥリルケヨ(ご～します、～してさしあげます)

☐ ついて来てください。

<ruby>ッタラ オセヨ</ruby>
따라 오세요.

☐ ごめんなさい。わからないです。

<ruby>チェソンハムニダ モルラヨ</ruby>
죄송합니다. 몰라요.

> **プラスα** 도움이 못 되어 죄송해요 トゥミ モットェオ チェソンヘヨ=お役に立てず、申し訳
> ありません

☐ あのビルの6階です。

<ruby>チョ ビルディン ユク チュンイエヨ</ruby>
저 빌딩 육 층이에요.

☐ ここじゃないですね。

<ruby>ヨギガ アニネヨ</ruby>
여기가 아니네요.

> **文法** ～가 아니다 ガ アニダ(～じゃない、～ではない)

☐ 地図を見せてください。

<ruby>チドルル ボヨ ジュセヨ</ruby>
지도를 보여 주세요.

☐ あなたは今ここで、目的地はこっちです。

<ruby>タンシヌン チグム ヨギゴ モクチョクチヌン イッチョギエヨ</ruby>
당신은 지금 여기고 목적지는 이쪽이에요.

> **プラスα** 여기 ヨギ=ここ。거기 コギ=そこ。저기 チョギ=あそこ

THEME 13 現地で暮らす

不動産

 音声 1-53

不動産

☐ このあたりでひと部屋借りたいのですが。

<small>イ クンチョエソ パンウル ハナ ビルリゴ シブンデヨ</small>
이 근처에서 방을 하나 빌리고 싶은데요.

😊 表現 ひと部屋は方を 하나 パンウル ハナ(部屋を1つ)と伝えたほうが自然。

☐ どんな間取りがいいですか?

<small>オットン バン ベ チ ガ チョアヨ</small>
어떤 방 배치가 좋아요?

☐ 1LDKがいいです。

<small>バン ハナ コシル ブオギ インヌン ゲ チョアヨ</small>
방 하나, 거실, 부엌이 있는 게 좋아요.

😊 表現 直訳では「部屋1つ、ダイニング、キッチンがあるほうがいいです」。

☐ 通勤が楽な場所がいいです。

<small>チュルトェグニ ビョナン ゴ シ チョアヨ</small>
출퇴근이 편한 곳이 좋아요.

😊 表現 「通勤」は韓国語で통근 トングンという単語もある。ここでは출퇴근 チュルトェグン(出退勤)が自然。

☐ 家賃50万ウォンくらいで探しています。

<small>ウォルセ オ シ ム マ ヌォン ジョンドロ チャッコ イッソヨ</small>
월세 오십만 원 정도로 찾고 있어요.

😊 表現 「家賃」は韓国語で월세 ウォルセという。

☐ ネットで見たのですが。

<small>イントネセソ ボァンヌンデヨ</small>
인터넷에서 봤는데요.

💡 プラスα 부동산에서 봤는데요 プドンサネソ ボァンヌンデヨ=不動産屋で見たのですが

123

☐ 日当たりがいい部屋がいいです。

ヘッピョチ チャル トゥヌン バンイ チョアヨ
햇볕이 잘 드는 방이 좋아요.

☐ なるべく安い部屋がいいです。

カヌンハン ッサン バンイ チョアヨ
가능한 싼 방이 좋아요.

💡 プラスα 넓은 방 ノルブン バン=広い部屋。끝방 ックッ パン=角部屋

☐ 1カ月だけ借りたいのですが。

ハン ダルマン ビルリゴ シブンデヨ
한 달만 빌리고 싶은데요.

☐ 学生用のワンルームを探しています。

ハクセンヨン ウォンヌムル チャッコ イッソヨ
학생용 원룸을 찾고 있어요.

💡 プラスα 기숙사 キスクサ=寄宿舎、寮。하숙 ハスク=下宿

☐ オートロックはついていますか?

ヒョングァンムネ チャドンジャムグムジャンチ イッソヨ
현관문에 자동잠금장치 있어요?

😊 表現 直訳では「玄関に自動施錠装置ありますか」。

☐ 現地をご案内しましょうか?

チブル アンネヘ ドゥリルッカヨ
집을 안내해 드릴까요?

😊 表現 「現地」は현지 ヒョンジという韓国語があるが、ここでは집 チブ(家)を使ったほうが自然。

☐ 明日の午前中でしたらあいています。

ネイル オジョンジュンイラミョン ビオ イッソヨ
내일 오전중이라면 비어 있어요.

💡 プラスα 오후 オフ=午後

124

☐ 静かでいいところですね。

チョヨンハゴ チョウン ゴ シ エ ヨ
조용하고 좋은 곳이에요.

☐ ここに決めました！

ヨ ギ ロ チョンヘッソヨ
여기로 정했어요!

アルバイト

☐ いい物件にめぐりあえてよかったです。

チョウン チ ブ ル チャスル ス イッソソ タ ヘン イ エ ヨ
좋은 집을 찾을 수 있어서 다행이에요.

😊 表現 ┃ 다행이에요 タヘンイエヨは「うまく運び、運がいい（直訳：多幸です）」という意味
で使われる。

アルバイト

音声
1 -54

☐ アルバイトをしたい！

ア ル バ イ トゥルル ハ ゴ シ ボ
아르바이트를 하고 싶어!

☐ インターネットにいっぱい求人が出ているよ。

イ ン ト ネ セ ク イ ニ マ ニ ナ ワ イッソ
인터넷에 구인이 많이 나와 있어.

☐ 日本食レストランで働きたいです。

イルボンシク レ ス ト ラ ン エ ソ イ ラ ゴ シ ボ ヨ
일본식 레스토랑에서 일하고 싶어요.

💡 プラスα ┃ 홀서빙 ホルソビン＝ホール係。주방 チュバン＝厨房、キッチン係

125

☐ カフェがいいな。

カ ペ ガ チョ ア
카페가 좋아.

☐ 履歴書の作成が必要です。

イ リョ ク ソ チャ ク ソン イ ビ リョ ヘ ヨ
이력서 작성이 필요해요.

★カルチャー 韓国では이력서 イリョクソ（履歴書）と자기소개서 チャギソゲソ（自己紹介書）の用
紙が分かれている。

☐ パスポートとビザを提出してください。

ヨ クォ ナ ゴ ビ ジャ ル ル チェ チュ レ ジュ セ ヨ
여권하고 비자를 제출해 주세요.

☐ 何曜日に働けますか?

ム スン ニョ イ レ イ ラ ル ス イッ ソ ヨ
무슨 요일에 일할 수 있어요?

💡プラスα 월요일 ウォリョイル＝月曜日。화요일 ファヨイル＝火曜日。수요일 スヨイル＝水
曜日。목요일 モギョイル＝木曜日。금요일 クミョイル＝金曜日。토요일 トヨイル
＝土曜日。일요일 イリョイル＝日曜日

☐ 週末勤務が多いけど、大丈夫ですか?

チュ マル ク ン ム ガ マ ヌ ン デ クェン チャ ナ ヨ
주말 근무가 많은데 괜찮아요?

💡プラスα 야간 ヤガン＝夜間。평일 ピョンイル＝平日

☐ 以前アルバイトはしたことありますか?

イ ジョ ネ ア ル バ イ トゥ ル ル ヘ ボン ジョ ク イッ ソ ヨ
이전에 아르바이트를 해 본 적 있어요?

💡プラスα 이후 イフ＝以降

☐ 自己紹介をお願いします。

チャ ギ ソ ゲ ル ル ブ タ カ ム ニ ダ
자기소개를 부탁합니다.

💡プラスα 지원동기 チウォンドンギ＝志望動機

☐ 平日はいつ入れますか?

ビョンイレヌン オンジェ トゥロオル ス イッソヨ
평일에는 언제 들어올 수 있어요?

☐ 平日の夜は勤務可能です。

ビョンイル チョニョグン クンム カヌンハムニダ
평일 저녁은 근무 가능합니다.

😊 **表現** よりカジュアルな表現で가능해요 カヌンヘヨ(可能です)もある。

☐ 月曜日と金曜日以外は入れます。

接客

ウォリョイラゴ クミョイル ッペゴ トゥロガル ス イッスムニダ
월요일하고 금요일 빼고 들어갈 수 있습니다.

😊 **表現** 빼고 ッペゴ(はぶいて、除いて)

接客

☐ いらっしゃいませ。

オ ソ オ セ ヨ
어서오세요.

☐ 何名様ですか?

ミョッ ブ ニ セ ヨ
몇 분이세요?

☐ 3名様いらっしゃいました。

セ ブン オショッソヨ
세 분 오셨어요.

📖 **文法** 오셨어요 オショッソヨ(いらっしゃいました)は오다 オダ(来る)に敬語の시 シと過
去形の었어요 オッソヨが組み合わさっている。

127

☐ こちらのお席にお座りください。

이쪽 자리에 앉아 주세요.
イッチョク チャリエ アンジャ ジュセヨ

💡 **プラスα** 이쪽 イッチョク=こちら。 그쪽 クッチョク=そちら。 저쪽 チョッチョク=あちら

☐ かしこまりました。

알겠습니다.
アルゲッスムニダ

💡 **プラスα** 알았어요 アラッソヨ=わかりました。알아요 アラヨ=わかります、わかっています

☐ 少々お待ちください。

잠시만 기다려 주세요.
チャムシマン キダリョ ジュセヨ

😊 **表現** もっと短くカジュアルな表現で잠시만요 チャムシマンニョ、잠깐만요 チャムッカンマンニョ(ちょっと待ってください)もある。

☐ お会計は5万ウォンです。

총 오만 원입니다.
チョン オマ ヌォニムニダ

😊 **表現** ここでは회계 フェゲ(会計)ではなく총 チョン(総)を使ったほうが自然。「会計してください」は계산해 주세요 ケサネ ジュセヨ(計算してください)という。

☐ 6万5000ウォンお預かりいたします。

육만 오천 원 받았습니다.
ユンマン オチョ ヌォン パダッスムニダ

😊 **表現** 받았습니다 パダッスムニダ(もらいました、受け取りました)

☐ 3000ウォンのお返しです。

삼천 원 받으세요.
サムチョ ヌォン パドゥセヨ

😊 **表現** 받으세요 パドゥセヨ(もらってください、受け取ってください)

☐ ありがとうございました。

감사합니다.
カムサハムニダ

CHAPTER 4

買いもの・グルメ

THEME 14 ショッピング①

店内会話①

音声 1 -56

なりきりミニ会話

いらっしゃいませ。

オソオセヨ
어서오세요.

店員

母親へのお土産を探しています。

オモニ ソンムルル チャッコ イッソヨ
어머니 선물을 찾고 있어요.

カズホ

このスカーフはいかがですか?

イ スカプヌン オッットセヨ
이 스카프는 어떠세요?

店員

これはいくらですか?

イゴ オルマイェヨ
이거 얼마예요?

カズホ

10万ウォンです。

シム マ ヌォニムニダ
십 만 원입니다.

店員

◻ あそこにあるものを見せてもらえますか?

チョギ インヌン ゴ チョム ボ ヨ ジュシルレヨ
저기 있는 거 좀 보여 주실래요?

◻ これは韓国限定の商品ですか?

イゴン ハングク ハンジョン サンプミンガヨ
이건 한국 한정 상품인가요?

◻ お取り置きはできますか?

ボグァ ナル ス イッソヨ
보관 할 수 있어요?

😊 表現 「取り置き」は보관 ボグァン(保管、預かる)という。

◻ 日本に郵送はしてもらえますか?

イルボネ ウ ヒョヌロ ボネ ジュシル ス イッソヨ
일본에 우편으로 보내 주실 수 있어요?

◻ 見ているだけです。
クニャン ボ ヌン ゴ イ ェ ヨ
그냥 보는 거예요.

😊 表現 그냥 クニャンは「なんとなく、ただ」で、ここでは「ただ見ています」の意味。
그냥 둘러보는 거예요 クニャン トゥルロボヌン ゴイェヨ(なんとなく見回っているん
です)ともいう。

◻ ちょっと考えます。

チョム センガケ ボルケヨ
좀 생각해 볼게요.

⭐カルチャー 韓国では店員が日本より積極的に売り込みをかけてくるので、このフレーズを
覚えておくと便利。

☐ もう1つおまけが欲しいです。

ハナ ト トムロ チュセヨ
하나 더 덤으로 주세요.

😊 **表現** 하나 더 ハナ ト(1つもっと)

☐ プレゼント用に包んでもらえますか?

ソンムルリョンウロ ポジャンヘ ジュシルレヨ
선물용으로 포장해 주실래요?

😊 **表現** 「包む」は포장하다 ポジャンハダ(包装する、持ち帰る)と싸다 ッサダ(容器や袋に詰める)がある。ここではプレゼントを包装する意味で使われている。

☐ カードでお願いします。

シニョンカドゥロ ブタカムニダ
신용카드로 부탁합니다.

💡 **プラスα** 현금으로 ヒョングムロ=現金で

☐ 袋に入れなくてもいいです。

ポントゥ ピリョ オッソヨ
봉투 필요 없어요.

⭐ **カルチャー** 韓国では店員が袋にものを入れてくれることはほとんどない。봉투 ポントゥは「袋、封筒」、필요 없어요 ピリョオッソヨは「いらない、必要ない」の意味。

☐ やっぱり買うのはやめておきます。

ヨクシ アン サルレヨ
역시 안 살래요.

☐ またあとでよります。

イッタガ タシ オルケヨ
이따가 다시 올게요.

😊 **表現** 直訳では「あとで再び来ます」。「あとで」の意味では、이따가 イッタガ(数分、数時間後)、나중에 ナジュンエ(今度)で分けて使う。

☐ お待ちしています。

ット オセヨ
또 오세요.

😊 **表現** 直訳では「また来てください」。

デパート・スーパー

音声 1 -58

☐ **韓国の食材をたくさん買いたいな。**

ハングゥ シッチェリョルル マ ニ サ ゴ シ ボ
한국 식재료를 많이 사고 싶어.

☐ **食品売り場はどこですか？**

シクプム メジャンウン オ ディ イ ェ ヨ
식품 매장은 어디예요?

☐ **キムチがいっぱいあるね。**

キ ム チ マ ニ イン ネ
김치 많이 있네.

> **発音** 김치 キムチは日本語では「キムチ」と3文字だが、韓国語では2文字で発音する。

☐ **味見はできますか？**

マッ ボ ル ス イッ ソ ヨ
맛 볼 수 있어요?

> **表現** 「味見」は맛 보다 マッ ボダ（味を見る）、または시식하다 シシカダ（試食する）という。

☐ **フードコートはありますか？**

シ シ ク コ ノ ヌン イッ ソ ヨ
시식코너는 있어요?

> **表現** 시식코너 シシクコノ（試食コーナー）

☐ **案内所で聞いてみよう。**

ア ン ネ ソ エ ソ ム ロ ボ ジャ
안내소에서 물어보자.

133

☐ どこのデパートならありそうですか?

어느 백화점이라면 있을까요?
<small>オ ヌ ペ クァ ジョ ミ ラ ミョン イッ ス ル ッ カ ヨ</small>

☐ セールになってる！

세일 중이야!
<small>セイル ジュンイヤ</small>

💡 **プラスα** 〜中 ジュン＝〜中。회의 중 フェイ ジュン＝会議中
수업 중 スオプ ジュン＝授業中

☐ 日本円だとどのくらい?

일본엔으로 얼마 정도야?
<small>イ ル ボ ネ ヌ ロ オ ル マ ジョンドヤ</small>

☐ 日本の食材もあるね。

일본 식재료도 있네.
<small>イルボン シッチェリョド インネ</small>

☐ ここには置いてません。

여기에는 없습니다.
<small>ヨ ギ エ ヌン オプスムニダ</small>

😊 **表現** 「置く」は두다 トゥダ。ここでは「ここにはありません」の意味で使われる。

☐ レジが混んでいるね。

계산대에 사람이 많네.
<small>ケサンテエ サラミ マンネ</small>

😊 **表現** 直訳では「計算台に人が多いね」。「混む」は막히다 マキダ（道・車が混む、下水口が詰まる）の意味もある。

☐ レシートください。

영수증 주세요.
<small>ヨンスジュン チュ セ ヨ</small>

😊 **表現** 「レシート」は영수증 ヨンスジュン（領収証）

134

THEME 15	ショッピング②

洋品店

音声 1 -59

☐ **このスカート、試着できますか?**

イ チマ イボ ボル ス イッソヨ
이 치마 입어 볼 수 있어요?

😊 **表現** 입다 イプタ (着る)。上着だけではなく、パンツやスカートも着るという。

☐ **よくお似合いです。**

チャル オウルリョヨ
잘 어울려요.

☐ **サイズはぴったりです。**

サイ ジュヌン ッタク マジャヨ
사이즈는 딱 맞아요.

☐ **ウエストがちょっときついです。**

ホ リ ガ ッコアク チョヨヨ
허리가 꽉 조여요.

💡 **プラスα** 直訳では「腰がぐっと締まる」。허리 ホリ=腰。허벅지 ホボクチ=太もも。엉덩이 オンドンイ=お尻

☐ **1つ大きなサイズはありますか?**

ハン サイ ズ クン ゴ イッソヨ
한 사이즈 큰 거 있어요?

☐ **ズボンのすそが長いです。**

バ ジッタ ニ キ ロ ヨ
바짓단이 길어요.

💡 **プラスα** 짧아요 ッチャルバヨ=短いです

135

☐ すそのお直しはできますか?

オッタン ス ソ ニ トェナヨ
옷단 수선이 되나요?

😊 **表現** 「お直し」は수선 スソン(修繕〈服や布などの直し〉)と수리 スリ(修理)で分けて使う。

☐ 1時間後に仕上がります。

ハン シガン フ エ ワンソンドェムニダ
한 시간 후에 완성됩니다.

☐ すてきなデザインですね。

モッチン ディジャイニネヨ
멋진 디자인이네요.

💡 **プラスα** 무늬 ムニ=柄。색깔 セッカル=色

☐ 色違いはありますか?

タルン セッカル イッソヨ
다른 색깔 있어요?

☐ 返品はできますか?

パンプム カ ヌン ヘ ヨ
반품 가능해요?

💡 **プラスα** 환불 ファンブル=払い戻し。교환 キョファン=交換

☐ 日本のサイズだと24センチです。

イルボン サイズラミョン イ シ ッ サ センティイェヨ
일본 사이즈라면 이십사 센티예요.

⭐ **カルチャー** 日本では靴のサイズをセンチメートル(cm)で表わすが、韓国ではミリメートル(mm)。24センチではなく、240ミリという。

☐ はいてみていいですか?

シ ノ ボ ァ ド ドェ ヨ
신어 봐도 돼요?

😊 **表現** 신다 シンタ(はく)はスカートやズボンなど服には使わず、靴や靴下、ストッキングなどにのみ使う。

☐ レインシューズはありますか?

チャンファ イッソヨ
장화 있어요?

> 😊 **表現** 장화 チャンファ(長靴)。レインシューズは레인부츠 レインブチュ(レインブーツ)と
> いう場合も多い。

☐ 革のブーツはありますか?

カジュク ブチュ イッソヨ
가죽 부츠 있어요?

☐ ぶかぶかです。

ホルロンホルロンヘヨ
헐렁헐렁해요.

> 💡 **プラスα** 対義語は꼭 끼다 ックァックキタ=きつい

☐ はきやすい靴ですね。

シンキ ピョナン シン バ リ ネ ヨ
신기 편한 신발이네요.

> 😊 **表現** ~기 편하다 キ ピョナダ(~しやすい)。입기 편하다 イプキ ピョナダ(着やすい)

☐ 靴擦れしそう。

パルドィックムチガ ッカジル コ ガ タ
발뒤꿈치가 까질 거 같아.

> 😊 **表現** 발뒤꿈치 パルドゥックムチ は(かかと)の意味。까지다 ッカジダ は(擦りむける、
> むける)の意味。

☐ 1つ下のサイズを試したいのですが。

ハン サ イ ズ チャグン コルロ シ ノ ポ コ シプンデヨ
한 사이즈 작은 걸로 신어 보고 싶은데요.

> 💡 **プラスα** 큰 걸로 クン ゴルロ=上のサイズを、大きいものを

☐ あいにく、このサイズは品切れです。

アシュィップケド イ サ イ ジュ ヌン プムジョリエヨ
아쉽게도 이 사이즈는 품절이에요.

> 😊 **表現** 품절 プムジョル(品切れ)。似ている表現に재고가 없다 チェゴガ オプタ(在庫がな
> い)もある。

☐ エルメスのバッグと似たようなデザインはありますか?

<small>エルメス　カバンハゴ　ビスタン　ディジャイン　イッソヨ</small>

에르메스 가방하고 비슷한 디자인 있어요?

☐ イタリア製ですか?

<small>イタルリアジェイェヨ</small>

이탈리아제예요?

> 🎵 **発音** イタリアの発音は【イタルリア】になるので注意。

☐ 合皮のバッグはありますか?

<small>ハプソンガジュグロ　ドェン　カバン　イッソヨ</small>

합성가죽으로 된 가방 있어요?

> ☺ **表現** 합성가죽 ハプソンガジュク(合成皮革)

☐ リュックはありますか?

<small>ペクペク　イッソヨ</small>

백팩 있어요?

> 🎵 **発音** 백팩 ペクペクの【팩 ペク】が激音なので、激しく吐き出すように発音するのがポイント。

☐ 肩からかけられるタイプが欲しいです。

<small>オッケエ　コルチヌン　タイピ　チョアヨ</small>

어깨에 걸치는 타입이 좋아요.

> 💡 **プラスα** 뒤로 매는 타입 トゥィロ メヌン タイプ=後ろに背負うタイプ

☐ オーダーメイドもできるって。

<small>チュムンジェジャクト　カヌンハデ</small>

주문제작도 가능하대.

☐ たくさん入りそう。

マ ニ トゥロガル コ ガ タ
많이 들어갈 거 같아.

☐ 新商品です。

シンジェプミエヨ
신제품이에요.

☺ **表現** 신제품 シンジェプム(新商品)と似た単語で신상 シンサンもある。

☐ 韓国の有名デザイナーの作品です。

ハングゲ ユミョンハン ディジャイノ ジャクプミエヨ
한국의 유명한 디자이너 작품이에요.

☐ ハンドメイドです。

ス ジェプミエヨ
수제품이에요.

☺ **表現** 수제품 スジェプム(手製品)は「ハンドメイド、手作り」の意味で使う。

☐ 24金です。

イ シプサ ケイイエヨ
이십사 K예요.

☺ **表現** Kはカラット(karat)と同じ意味で、金の純度を表わす単位。

☐ 最近はやっているピアスは何ですか?

ヨジュム ユヘンハヌン クィゴリヌン ムォイエヨ
요즘 유행하는 귀걸이는 뭐예요?

💡 **プラスα** 목걸이 モッコリ=ネックレス。반지 パンジ=指輪。시계 シゲ=時計

☐ このブレスレット、つけてみていいですか?

イ パルッチ チャ ボァド ドェヨ
이 팔찌 차 봐도 돼요?

📝 **文法** 「つける」は前の単語によって言葉が変わる。팔찌를 차다 パルッチルル チャダ
(ブレスレットをつける)。반지를 끼다 パンジルル ッキダ(指輪をつける)

139

THEME 16 ショッピング③

雑貨・インテリア

音声 1-61

☐ かわいい雑貨を買えるのはどのエリアですか?

クィヨウン チャボァヌン オディソ サル ス イッソヨ
귀여운 잡화는 어디서 살 수 있어요?

☐ 韓国らしい雑貨はありますか?

ハングッスロウン チャプァ イッソヨ
한국스러운 잡화 있어요?

☐ 韓国のアンティークが欲しいの。

ハングッ コルトンプムル サゴ シポ
한국 골통품을 사고 싶어.

😊 **表現** 골통품 コルトンプム(骨董品)

☐ センスのいいお店だね。

センス インヌン カゲダ
센스 있는 가게다.

☐ 刺繍が美しいですね。

チャスガ イェップネヨ
자수가 예쁘네요.

😊 **表現** 자수 チャス(刺繍)は 수놓다 スノッタ(刺繍する、縫い取る)ともいう。

☐ 韓国の陶磁器が大好きなんだ。

ハングッ トジャギルル チョアヘ
한국 도자기를 좋아해.

⭐ **カルチャー** ソウルから車で1時間ぐらいの 이천 イチョン(利川)は韓国の陶磁器の街。韓国の陶磁器は世界でも有名。

☐ 日常使いのできる器はありますか?

ピョンサンシエ サヨンハル ス インヌン クルッ イッソヨ
평상시에 사용할 수 있는 그릇 있어요?

💡 プラスα 밥공기 パッコンギ＝茶碗(直訳:ご飯空器)。접시 チョプシ＝皿

☐ 割れないようにしっかり梱包してください。

ッケジジ アントロク ッコアク ポジャンヘ ジュセヨ
깨지지 않도록 꽉 포장해 주세요.

📗 文法 ～지 않도록 ジ アントロク(～しないように)

CD・本

音声 ① -62

☐ 私の好きなグループのCDはあるかな?

ネガ チョアハヌン グルプ シディガ イッスルッカ
내가 좋아하는 그룹 CD가 있을까?

☐ デビュー当時から全部そろってる。

テビュィ タンシ コップト タ イッソ
데뷔 당시 것부터 다 있어.

☐ この曲、視聴してみて。

イ ゴク トゥロ ボァ
이 곡 들어 봐.

💡 プラスα 노래 ノレ＝歌。가사 カサ＝歌詞。멜로디 メルロディ＝メロディ

☐ わお! ランキング1位だよ。

ウ ワ レンキン イ リ ヤ
우와! 랭킹 일 위야.

🔊 発音 「ランキング」は【랭킹 レンキン】と発音するので注意。

☐ うそ、もう売り切れている……。

コジンマル　ポルッソ　ワンパンドェッソ
거짓말, 벌써 완판됐어...

💡 **プラスα** 「品物が全て売り切れる」の意味で완판 ワンパン(直訳:完版)。「在庫がなくなり、品切れ」の意味で품절 プムジョル(品切)。「チケットが売り切れ」の意味で매진 メジンもある。

☐ 世界中で大ヒットしているんだね。

チョンセゲチョグロ　テバン　ナンネ
전세계적으로 대박 났네.

💡 **プラスα** 同じ意味で대히트 テヒトゥ(大ヒット)。ほかに似た意味で열풍 ヨルプン(ブーム〈直訳:熱風〉)もある。

☐ この本、韓国でも出版されてるんだ。

イ　チェク　ハングゲソド　チュルパンドェンネ
이 책 한국에서도 출판됐네.

📖 **文法** すでに出版されているので、現在形ではなく、출판됐다 チュルパンドェッタ(出版された)という過去形を使う。

土産物

音声
1 -63

☐ 人気のお土産はなんですか?

インキインヌン　サンプムン　ムォイェヨ
인기있는 상품은 뭐예요?

💡 **プラスα** 상품 サンプム=商品。선물 ソンムル=プレゼント。기념품 キニョムプム=記念品

☐ このキムチはどのくらい日持ちしますか?

イ　キムチヌン　オルマナ　オレ　カヨ
이 김치는 얼마나 오래 가요?

☺ **表現** 「日持ちする」は、오래 가다 オレ カダ(長くいく)

☐ 常温でも大丈夫ですか?

サンオネ　ボグァネド　グェンチャナヨ
상온에 보관해도 괜찮아요?

💡 **プラスα** 냉장 보관 ネンジャン ボグァン=冷蔵保管。냉동 보관 ネンドン ボグァン=冷凍保管

☐ 賞味期限はいつまでですか?

ユトンギハニ オンジェッカジイェヨ
유통기한이 언제까지예요?

😊 **表現**　「賞味期限」は유통기한 ユトンギハン(流通期限)

☐ においがもれないように包んでください。

ネムセ アン セドロク ッコアク メ ジュセヨ
냄새 안 새도록 꽉 매 주세요.

😊 **表現**　냄새가 새다 ネムセガ セダ(においがもれる)

☐ バラでも売っていますか?

ナッケロド パ ナ ヨ
낱개로도 파나요?

⭐ **カルチャー**　韓国では大量販売も多いので、1つ買いたいときにぜひ使ってみよう。

☐ 別々に入れてください。

ッタロッタロ ノオ ジュセヨ
따로따로 넣어 주세요.

💡 **プラスα**　같이 넣어 주세요 カチ ノオ ジュセヨ=いっしょに入れてください

☐ 会社の人へのお土産に海苔を大量に買いました。

フェサ サラムドゥル ソンムルロ キムル テリャンウロ サッソヨ
회사 사람들 선물로 김을 대량으로 샀어요.

☐ お土産買うなら、スーパーがいいよね。

ソンムル サル コミョン シュポ マ ケ シ チョア
선물 살 거면 슈퍼마켓이 좋아.

☐ スーツケースがお土産でいっぱい。

ヨヘンヨン カ バ ン イ ソンムルロ カ ドゥケ
여행용 가방이 선물로 가득해.

🔊 **発音**　가득해(いっぱいだ)は【가드캐 カドゥッケ】と発音する。

◻ 風邪薬はありますか?

カムギヤヶ イッソヨ
감기약 있어요?

> **プラスα** 목감기 モッカムギ＝喉風邪。 코감기 コガムギ＝鼻風邪

◻ ばんそうこうをください。

パンチャンコ チュセヨ
반창고 주세요.

> **プラスα** 파스 パス＝湿布。 연고 ヨンゴ＝軟膏。 붕대 プンテ＝包帯

◻ 頭痛がひどいのですが。

トゥトンイ シマンデヨ
두통이 심한데요.

> **プラスα** 두통약 トゥトンヤヶ＝頭痛薬。 설사약 ソルサヤヶ＝下痢止め薬。 소화제 ソファジェ＝胃薬(消化剤)。 진통제 チントンジェ＝痛み止め(鎮痛剤)

◻ どちらの薬が効きますか?

オ ヌ ヤ ギ チャル トゥロヨ
어느 약이 잘 들어요?

◻ 副作用はありますか?

プジャギョン イッソヨ
부작용 있어요?

◻ 朝晩、食後に2錠ずつ飲んでください。

アチムジョニョグロ シ ク エ トゥ アルッシヶ トゥセヨ
아침저녁으로 식후에 두 알씩 드세요.

☐ **24時間営業ですか?**

<small>イ シッサ シ ガン ヨンオペヨ</small>
이십사 시간 영업해요?

☐ **小腹がすいたからスナックを買おうよ。**

<small>チュルチュラニッカ クァジャ サ ジャ</small>
출출하니까 과자 사자.

> 🙂 **表現** 출출하다 チュルチュラダ (小腹がすいた)。 배고프다 ペゴプダ (おなかがすいた)

☐ **ミネラルウォーターを2本買いましょう。**

<small>センス トゥ ビョン サ ヨ</small>
생수 두 병 사요.

> 💡 **プラスα** 「~本」は韓国語でいろいろな言葉がある。병 ビョンは瓶やペットボトルに入った液体を数えるときに使い、송이 ソンイはバラなど草花を数えるときに使う。

☐ **お酒は置いていますか?**

<small>スル イッソヨ</small>
술 있어요?

☐ **携帯の充電できますか?**

<small>ヘンドゥポンチュンジョン カ ヌン ヘ ヨ</small>
핸드폰 충전 가능해요?

> 🙂 **表現** 핸드폰 ヘンドゥポンは英語の「hand phone」が韓国語になった。
> 同じ意味で휴대전화 ヒュデジョナァ (携帯電話)ともいう。

☐ **チャージしてください。**

<small>チュンジョネ ジュセヨ</small>
충전해 주세요.

> 🙂 **表現** 「チャージする」は충전하다 チュンジョナダ (充電する)という。

THEME 17 グルメ①

飲食店選び

音声 ①-66

☐ おなかすいたよ〜。

ペ ゴ パ
배고파.

> 💡**プラスα** 배불러 ペブルロ＝おなかいっぱい

☐ 何か食べたいものある?

ムォンガ モッコ シプン ゴ イッソ
뭔가 먹고 싶은 거 있어?

☐ さっぱりとしたもの食べたいな。

タムベカン ゴ モッコ シポ
담백한 거 먹고 싶어.

> 💡**プラスα** 매운 거 メウン ゴ＝辛いもの。단 거 タン ゴ＝甘いもの

☐ チーズタッカルビははずせない！

チジュ タッカルビ ノチル ス オプソ
치즈 닭갈비 놓칠 수 없어!

☐ 行ってみたいお店があるの。

カ ボゴ シプン カゲガ イッソ
가 보고 싶은 가게가 있어.

☐ ソルロンタンのおいしいお店を知ってる?

ソルロンタン マシンヌン カゲ アルゴ イッソ
설렁탕 맛있는 가게 알고 있어?

> ⭐**カルチャー** 설렁탕 ソルロンタンは牛肉を煮込んだ白濁のスープ。

146

☐ 芸能人のお母さんが経営しているお店だよ。

ヨネイン　オモニガ　キョンヨンハゴ　インヌン　カゲヤ
연예인 어머니가 경영하고 있는 가게야.

☐ 地元の人しか知らないお店に連れてって。

ヒョンジインパッケ　モルヌン　カゲエ　テリゴ　カ　ジュォ
현지인밖에 모르는 가게에 데리고 가 줘.

> 💡 **プラスα** 현지인만 아는 ヒョンジインマン　アヌン＝現地人だけ知っている

☐ 行列ができてる！

オムチョン　ジュル　ソ　イッソ
엄청 줄 서 있어!

> 😊 **表現** 直訳では「すごく列が立っている」。

☐ どのくらい待つのかな?

オルマナ　キダリルッカ
얼마나 기다릴까?

☐ 満席だね。

マンソギネ
만석이네.

> 💡 **プラスα** 만원 マムォン＝満員。만차 マンチャ＝満車

予約・入店

音声 1 -67

☐ 人気店だから予約したほうがいいよ。

インキ　インヌン　カゲニッカ　イェヤカヌン　ゲ　チョウル　ゴ　ヤ
인기 있는 가게니까 예약하는 게 좋을 거야.

> ⚫ **文法** 「名詞＋だから」は니까 ニッカという。

147

☐ ネットからも予約できるよ。

인터넷으로도 예약할 수 있어.
イントネスロド　イェヤカル　ス　イッソ

😊 **表現** 예약 가능해 イェヤク カヌンヘ（予約可能だよ）のフレーズも使える。

☐ 何時から何名ですか?

몇 시부터 몇 명인가요?
ミョッ シブト ミョッ ミョンインガヨ

☐ 19時から4名でお願いします。

저녁 일곱 시부터 네 명 부탁합니다.
チョニョク イルゴプ シ ブト ネ ミョン ブタカムニダ

⭐ **カルチャー** 韓国では19時という表現より、夕方7時（または午後7時）という表現を使うことが一般的。

☐ お名前と電話番号をお願いします。

이름하고 전화번호 부탁합니다.
イ ル マ ゴ チョノァボノ ブタカムニダ

⭐ **カルチャー** 日本の携帯番号は「090」からスタートする番号が多いが、韓国は「010」からスタートする。

☐ あいにくその時間は満席です。

죄송하지만 그 시간은 만석입니다.
チョェソンハジマン ク シガヌン マンソギムニダ

💡 **プラスα** 예약이 꽉 찼습니다 イェヤギ ッコァク チャッスムニダ＝予約でいっぱいです

☐ 何時ならあいていますか?

몇 시쯤이 비어 있나요?
ミョッ シッチュミ・ ビ オ インナヨ

😊 **表現** 비어 있다 ビオ イッタ（あいている）。빈 자리 ビン ジャリ（あいている席）

☐ ソン・ジュンギさんの座った席はどこですか?

송중기 씨가 앉았던 자리가 어디예요?
ソンジュンギ ッシガ アンジャットン チャ リ ガ オディイェヨ

☐ 禁煙席でお願いします。

クミョンソグロ ブ タ カ ム ニ ダ
금연석으로 부탁합니다.

💡 プラスα 흡연석 フビョンソク＝喫煙席

☐ 窓際をお願いします。

チャンカロ ブ タ カ ム ニ ダ
창가로 부탁합니다.

☐ テラス席はあいていますか?

テ ラ ス ジャリヌン イッソヨ
테라스 자리는 있어요?

☐ 静かな席にしてください。

チョヨンハン ジャリロ ヘ ジュセヨ
조용한 자리로 해 주세요.

注文

☐ 何になさいますか?

ムォ トゥシルレヨ
뭐 드실래요?

💬 文法 「何」は話し言葉では뭐 ムォ、書き言葉では무엇 ムオッという。

☐ 日本語のメニューはありますか?

イルボノ メ ニュ イッソヨ
일본어 메뉴 있어요?

☐ こちらのおすすめ料理は何ですか?

ヨ ギ　チュチョン　ヨ リ ガ　ムォイェヨ
여기 추천 요리가 뭐예요?

☐ ドリンクのメニューはありますか?

ウムニョ　メ ニュ ガ　イッソヨ
음료 메뉴가 있어요?

🔊 **発音** 음료(ドリンク、飲み物)は【음뇨 ウムニョ】と発音する。

☐ どうやって頼むんですか?

オットケ　シ キョ ヨ
어떻게 시켜요?

☐ 冷麺をください。

ネンミョヌル　チュ セ ヨ
냉면을 주세요.

⭐ **カルチャー** 韓国の冷麺はそば粉と、ジャガイモやトウモロコシのでん粉でつくられている。冷麺には甘酸っぱい味の물냉면 ムルネンミョン(水冷麺)と甘辛い味の비빔냉면 ビビムネンミョン(ビビン冷麺)がある。

☐ 辛さひかえめでお願いします。

トル　メプケ　ヘ　ジュ セ ヨ
덜 맵게 해 주세요.

❗ **注意** 덜 トルは「ひかえめ、少なく」の意味を持つ。パッチムのない더 トは「もっと」の意味を持っているので、正しく発音しないと逆の意味にとられてしまうかも。

☐ チゲの1人前はできますか?

ッチゲ　イ　リンブン　カ ヌ ン ハ ン ガ ヨ
찌개 일 인분 가능한가요?

☐ これはどんな料理ですか?

イ ゴ ン　オットン　ヨ リ イェ ヨ
이건 어떤 요리예요?

💧 **文法** 会話では이거는 イゴヌン(これは)は이건 イゴン。그거는 クゴヌン(それは)は그건 クゴン。저거는 チョゴヌン(あれば)は저건 チョゴンと短くなる。

☐ すみません！ おしぼりをください。

チョギヨ　　ムルスゴン　チュセヨ
저기요!　물수건 주세요.

🙂 表現 「おしぼり」は물수건 ムルスゴン（水タオル）、または물티슈 ムルティシュ（水ティッシュ）という。韓国では使い捨てのおしぼりが使われることが多い。

☐ どのくらいの量ですか?

オ ヌ　ジョンド　ヤン イ エ ヨ
어느 정도 양이에요?

☐ 隣の席の人と同じものをください。

ヨプ テイブル　サ ラ マ ゴ　カトゥン　ゴルロ　チュ セ ヨ
옆 테이블 사람하고 같은 걸로 주세요.

☐ 頼んだメニューと違うみたいです。

チュムナン　メ ニュ ハ ゴ　タルン　ゴ　ガ タ ヨ
주문한 메뉴하고 다른 거 같아요.

食事

☐ いただきます。

チャル　モ ク ケッ ス ム ニ ダ
잘 먹겠습니다.

📖 文法 直訳では「よく食べます」。

☐ おいしい！

マ シッ タ
맛있다!

☐ いくらでも食べられそう。

オルマドゥンジ モグル ス イッケッタ
얼마든지 먹을 수 있겠다.

> ⚠ **注意** 韓国ではメイン料理が出る前におかずが無料でたくさん出てくる。メイン料理の前におかずを食べすぎて、おなかいっぱいにならないように注意しよう。

☐ 乾杯！

コンベ
건배!

> ⭐ **カルチャー** 乾杯のときのかけ声。お酒の席では、何度も乾杯をしたり、誰かが飲むたびに乾杯したりするときもある。

☐ これはどうやって食べればいいの?

イゴン オットッケ モグミョン トェ
이건 어떻게 먹으면 돼?

☐ お肉を切ってください。

コギルル チャルラ ジュセヨ
고기를 잘라 주세요.

> ⭐ **カルチャー** 韓国ではお肉が切られていないまま出てきて、テーブルで焼きながら切る場合が多い。一般的に店員さんが切ってくれるので、ぜひこの表現を使ってみよう。

☐ けむりがすごいね。

ヨンギガ オムチョンナネ
연기가 엄청나네.

☐ このお皿、さげてください。

イ チョプシ チョム チウォ ジュセヨ
이 접시 좀 치워 주세요.

> 💡 **プラスα** 「取り皿」は앞접시 アプチョプシ(前皿)

☐ おかわりできますか?

リピル トェナヨ
리필 되나요?

> 😊 **表現** 「おかわり」は韓国語で리필 リピル(refill)という。
> 「飲み放題、食べ放題」は무한리필 ムハンリピル(無限refill)

152

☐ ごちそうさまでした。

<ruby>チャル<rt></rt></ruby> <ruby>モゴッスムニダ<rt></rt></ruby>
잘 먹었습니다.

> 😊 表現　直訳では「よく食べました」。

ファストフード

☐ このセットをください。

<ruby>イ<rt></rt></ruby> <ruby>セトゥ<rt></rt></ruby> <ruby>チュセヨ<rt></rt></ruby>
이 세트 주세요.

☐ サイドメニューは何かつけますか?

<ruby>サイドゥ<rt></rt></ruby> <ruby>メニュ<rt></rt></ruby> <ruby>ムォンガ<rt></rt></ruby> <ruby>ピリョハセヨ<rt></rt></ruby>
사이드 메뉴 뭔가 필요하세요?

> 😊 表現　直訳では「サイドメニューは何か必要ですか?」。

☐ ポテトはいりません。

<ruby>カムジャトゥィギムン<rt></rt></ruby> <ruby>ピリョオプソヨ<rt></rt></ruby>
감자튀김은 필요없어요.

> 😊 表現　「ポテト」は감자튀김 カムジャトゥィギム(じゃがいも天ぷら)という。

☐ コーラはSサイズにしてください。

<ruby>コルラヌン<rt></rt></ruby> <ruby>エスサイズロ<rt></rt></ruby> <ruby>ヘ<rt></rt></ruby> <ruby>ジュセヨ<rt></rt></ruby>
콜라는 S사이즈로 해 주세요.

> 🎵 発音　外来語の発音に注意。【콜라 コルラ】=コーラ。【맥도날드 メットナルドゥ】=マクドナルド。【KFC ケイエプシ】=ケンタッキー

☐ 店内で召し上がりますか?

<ruby>ヨギソ<rt></rt></ruby> <ruby>トゥシゴ<rt></rt></ruby> <ruby>カシル<rt></rt></ruby> <ruby>ゴンガヨ<rt></rt></ruby>
여기서 드시고 가실 건가요?

☐ テイクアウトです。

ポジャンヘ　ジュセヨ
포장해 주세요.

> 🙂 **表現** 直訳では「包んでください、包装してください」。포장하다 ポジャンハダ はテイクアウトで使う。

☐ お店で食べます。

ヨ　ギ　ソ　モッコ　カル　コイェヨ
여기서 먹고 갈 거예요.

☐ おしぼりありますか?

ムルスゴン　イッソヨ
물수건 있어요?

> ⭐ **カルチャー** 韓国ではコンビニやファストフードでおしぼりをくれることはあまりない。おしぼりを前もって準備して行ったほうがよい。

☐ 砂糖とミルクをください。

ソルタンハゴ　プリム　チュセヨ
설탕하고 프림 주세요.

> ⚠ **注意** 프림 プリム(ミルク)は「プリマ」という商品名からきた言葉。우유 ウユ(牛乳)はコーヒーに入れるミルクとしては使わない表現なので注意。

屋台

☐ いろんな屋台があるんだね。

ヨロ　ノジョムサンイ　インネ
여러 노점상이 있네.

> ⭐ **カルチャー** 韓国の屋台には、立ち食いや持ち帰りのおやつを売っている노점상 ノチョムサン(露店商)、飲み屋屋台でテーブルとイスがある포장마차 ポジャンマチャ(布帳馬車)がある。

☐ これ、おいしいですか?

イゴ　マシッソヨ
이거 맛있어요?

> 💡 **プラスα** 뭐가 제일 잘 나가요? ムォガ チェイル チャル ナガヨ=何がいちばん人気あります
> か?

☐ いいにおい！ これいくらですか？

좋은 냄새! 이거 얼마예요?
チョウン ネムセ　イゴ　オルマイェヨ

⭐ **カルチャー** 屋台には値段が出ていないことが多い。事前に値段を聞いてから注文しよう。

☐ トッポッキ好き！

떡볶이 좋아해!
ットッポッキ　チョアヘ

⭐ **カルチャー** トッポッキとおでんをいっしょに売っている屋台も多い。日本ではおでんをコンビニで買うが、韓国では屋台で食べるのが定番。

☐ ハットグ(韓国風アメリカンドッグ)が食べたい！

핫도그가 먹고 싶어!
ハットグガ　モッコ　シボ

⭐ **カルチャー** ハットグは日本のアメリカンドッグのようなもの。日本のアメリカンドッグの生地はカステラのようだが、ハットグの生地は揚げパンのようにサクサクしている。

☐ どこか座れるところはあるかな？

어디 앉을 곳이 있을까?
オディ　アンジュル　ゴ シ　イッスルッカ

💡 **プラスα** 빈자리 있어요? ビンジャリ イッソヨ＝空席ありますか？

☐ 割りばしください。

젓가락 주세요.
チョッカラク　チュ セ ヨ

☐ ゴミ箱はどこ？

쓰레기통은 어디지?
ッスレギトンウン　オディジ

☐ 歩きながら食べよう！

걸어 가면서 먹자!
コ ロ　ガミョンソ　モクチャ

💡 **プラスα** 서서 먹자 ソソ モクチャ＝立って食べよう、立ち食いしよう

155

☐ すてきなカフェだね！

モッチン　カ ペ ネ
멋진 카페네!

⭐ カルチャー 韓国の料理は濃い味が多いため、食後にカフェに行くことも多い。日本よりコーヒーの値段は少し高い。

☐ マグカップでも大丈夫です。

モ グ チャ ネ　チュ ショ ド　ド ェ ヨ
머그잔에 주셔도 돼요.

💡 プラスα 종이컵도 괜찮아요 チョンイコプト クェンチャナヨ＝紙カップでも大丈夫です

☐ ケーキのテイクアウトはできますか？

ケ イ ク ヌン　ポ ジャン ド ェ ヨ
케이크는 포장돼요?

💡 プラスα 조각케익 チョガッケイク＝ショートケーキ

☐ かき氷を1つください。

パッ ピン ス　ハ ナ　チュ セ ヨ
팥빙수 하나 주세요.

💡 プラスα 파르페 パルペ＝パフェ。팬케이크 ペンケイク＝パンケーキ。와플 ワプル＝ワッフル

☐ 振動ベルでお知らせします。

チン ドン ベ ル ロ　ア ル リョ　ド ゥ リ ル ケ ヨ
진동벨로 알려 드릴게요.

⭐ カルチャー 振動ベルは、日本のフードコートで見るような呼び出しのベルのこと。注文と精算後はカウンターで振動ベルを渡され、振動ベルが鳴ったらカウンターに取りに行く。

☐ 右カウンターから出ます。

オ ルン ッ チョク　カ ウン ト エ ソ　ナ オ ム ニ ダ
오른쪽 카운터에서 나옵니다.

☐ 雰囲気のいいお店だね。

ブ ニ ギ　チョウン　カ ゲ ネ
분위기 좋은 가게네.

☐ お酒のメニューをください。

スル　メニュルル　チュセヨ
술 메뉴를 주세요.

☐ 何を飲まれますか?

ムォ　マ シルレ ヨ
뭐 마실래요?

★カルチャー 韓国の飲み会では同席した人たちが同じ飲み物を選ぶ。マッコリなら全員マッコリ、ビールなら全員ビールで統一していっしょのものを飲むことが多い。

☐ マッコリの種類がいっぱいあるよ。

マ ク コ ル リ　チョンニュガ　マ ニ　イッソ
막걸리 종류가 많이 있어.

★カルチャー 雨が降ると、韓国人はなぜか「マッコリとチヂミ」を食べたくなる。そのため雨の日はマッコリのお店が大人気。

☐ 生ビールください。

センメクチュ　チュセヨ
생맥주 주세요.

★カルチャー 日本のように生中、生大ではなく、500cc(500㎖)、1000cc(1ℓ)、2000cc(2ℓ)のピッチャーで注文することが多い。

☐ おつまみは何があるのかな?

アンジュヌン　ムォガ　イッチ
안주는 뭐가 있지?

☐ 見て、店長がかっこいい。

ボァボァ　チョムジャンイ　モ シ ッ ソ
봐봐, 점장이 멋있어.

⭐カルチャー 韓国では必ずお店に店長とは別に社長がいる。ホールを担当する店長と料理を担当する料理長もいる。

☐ 全然飲めないんだ。

チョニョ　モン　マショ
전혀 못 마셔.

☐ 眠くなってきた……。

チョルリダ
졸리다...

💡プラスα 필름이 끊기다 ピルルミックンキダ＝酔って記憶が飛ぶ、記憶がなくなる

☐ 気もち悪い……。

ソ ギ　アン　チョア
속이 안 좋아...

💡プラスα 숙취를 해소하다 スクチュィルル ヘソハダ＝二日酔いを解消する

☐ 一杯どうぞ。

ハン ジャン　パ ドゥ セ ヨ
한 잔 받으세요.

⭐カルチャー 韓国では飲み終わる直前に、お酒を注ぐ文化がある。お酒を注いでもらうときにグラスにお酒が残っている場合は、一気飲みしないといけない。

☐ お酒はどのくらい飲めますか。

チュリャンイ　オ ヌ　ジョンドィェヨ
주량이 어느 정도예요?

💡プラスα お酒が好きでたくさん飲む人を술고래 スルゴレ＝酒豪(直訳：酒クジラ)という。

☐ 酔っ払ってきちゃったよ。

チュィヘンナボァ
취했나봐.

💡プラスα 「酒癖が悪い」の意味で주사가 있다 チュサガ イッタ(酒邪がある)、술버릇이 나쁘다 スルポルシ ナップタ(酒癖が悪い)がある。

158

韓国をより楽しめる B級グルメ特集!

韓国人に朝食やおやつで人気があるおすすめのB級グルメがこちら!
ぜひ韓国に行った際には食べてみては?

トストゥ
토스트
〔トースト〕

ホットサンドのことで、屋台でもよく売っている。トーストの専門店も多く気軽に食べられる。鉄板で食パンを焼き、千切り野菜入りの卵焼き、ハム、ケチャップやマスタードなどをはさんで、アツアツでいただく。

ハットグ
핫도그
〔韓国式 アメリカンドッグ〕

フランクフルトやチーズに衣をつけてカリッとあげたもの。モチモチの生地にパン粉をまぶしてあげているため、外はサクサク、中はもっちり。砂糖がついているため甘い。できたてのアツアツにかぶりつくと、チーズがびよーーーんと伸びる。

マ ヤク キム パプ
마약김밥
〔麻薬海苔巻〕

「一度食べたら止めることができないほどおいしい」ことから、このような名前に。親指ほどの、小さい海苔巻きで、にんじんやたくあんなど、材料はシンプル。黄色いからしソースにつけて食べる。このソースとの相性が抜群で、やみつきになる味。

ホ パクチュク
호박 죽
〔カボチャ粥〕

韓国ではお粥の種類が多く、屋台でもよく売られている。さらにお粥の専門店もたくさんある。アワビ粥や海鮮粥、野菜粥など栄養たっぷりのものも多い。カボチャ粥には、あずきや栗も入っており、甘さひかえめなので朝食としても人気。

コリア・レポート ③

グルメ②

味・食感

☐ このスープ、辛い！

이 스프 맵다!
イ スプ メプタ

⭐**カルチャー** 韓国の食べ物は辛いものが多いイメージがあるが、辛くない食べ物ももちろんたくさんある。

☐ キムチが少ししょっぱい。

김치가 좀 짜다.
キムチガ チョム ッチャダ

💡**プラスα** 싱겁다 シンゴッタ＝(味が)薄い。진하다 チナダ＝濃厚だ、(味が)濃い

☐ 焼き芋、あつあつだね！

군고구마 따끈따끈하네!
クンゴグマ ッタックンッタックンハネ

⭐**カルチャー** 韓国では、屋台や百貨店で焼き芋を買うことができる。

☐ できたてのパンは思った以上においしいな。

갓 구운 빵이 생각보다 맛있다.
カッ クウン ッパンイ センガッボダ マシッタ

😊**表現** 갓 カッ(ただいま、今すぐ)は「できたて」の意味。「できたてのパン」は갓 구운 빵 カックウン ッパン(今焼いたパン)

☐ この肉、ジューシー！

이 고기 육즙이 장난 아니다!
イ コギ ユクチュビ チャンナン アニダ

😊**表現** 육즙이 장난 아니다 ユクチュビ チャンナン アニダ(直訳:肉汁が冗談じゃない)は「ジューシー」の意味で使う。

☐ ホットクはもちもちしておいしい。

호떡이 쫀득쫀득해서 맛있다.
ホットギ ッチョンドゥクッチョンドゥクヘソ マシッタ

😊**表現** より歯ごたえがあるときには쫄깃쫄깃 ッチョルギッチョルギッ(つるつる、もちもち)ともいう。

☐ マシュマロがふわふわしている。

マシメルロガ　マルランマルランハダ
마시멜로가 말랑말랑하다.

☐ 歯ごたえがあるね。

ッシムヌン　マ　シ　チョンネ
씹는 맛이 좋네.

😊 **表現** 直訳では「噛む味がいい」。

☐ 固くて、噛みきれない。

チルギョソ　アン　ッチジョジンダ
질겨서 안 찢어진다.

😊 **表現** 食べ物が固くて切りにくい場合は질기다 チルギダ。固くて壊れにくく、形が変わらない場合は단단하다 タンダナダという。

☐ ご飯がぱさぱさしている。

ハ ビ　プ ソ ク プ ソ カ ダ
밥이 푸석푸석하다.

☐ あんまりおいしくないね。

ビョルロ　マ ド プ ソ
별로 맛없어.

☐ これ、いたんでないかな?

イ ゴ　サンハ ジ　アナッスルッカ
이거 상하지 않았을까?

😊 **表現** 「(食べ物が)いたむ」は상하다 サンハダ。「腐る」は썩다 ッソクタという。

☐ こげすぎじゃない?

ノ ム　タン　ゴ　ガ チ　ア ナ
너무 탄 거 같지 않아?

😊 **表現** 타다 タダは「こげる、焼ける、乗る」など色々な意味を持っている。

味・食感

辛い
メプタ
맵다

チゲ

水冷麺

冷たい
チャガッタ
차갑다

ホットク

もちもち
ッチョルギッチョルギッ
쫄깃쫄깃

ふわふわ
プドゥロウン
부드러운

あつあつ
ッタックンッタックン
따끈따끈

ケランチム

石焼ビビンバ

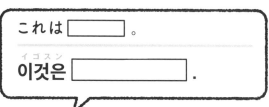

これは ☐ 。

<ruby>이것은<rt>イゴスン</rt></ruby> ☐ .

さくさく
<ruby>바삭바삭<rt>パサッパサッ</rt></ruby>

韓国チキン

チャプチェ

つるつる
<ruby>후루룩<rt>フルルッ</rt></ruby>

韓国のり

生キムチ

香ばしい
<ruby>고소하다<rt>コソハダ</rt></ruby>

しゃきしゃき
<ruby>사각사각<rt>サガッサガッ</rt></ruby>

サムギョプサル

おいしい
<ruby>맛있다<rt>マシッタ</rt></ruby>

音声
1 -75

☐ お会計お願いします。

ケサン　ブタカムニダ
계산 부탁합니다.

💡 プラスα　따로따로 계산해 주세요 ッタロッタロ ケサネ ジュセヨ＝別々にお会計お願いします

☐ ここは私がおごるよ。

ヨ ギ ヌン　ネ ガ　ッソルケ
여기는 내가 쏠게.

💡 プラスα　쏘다 ッソダは「撃つ、射る」の意味があり、「おごる」のカジュアルな表現でよく使われる。同じ表現で한턱 내다 ハントゥ ネダ（いっぱい出す）もある。

☐ 割り勘にしましょう。

ト チ ペ イ　ハ プ シ ダ
더치페이 합시다.

⭐ カルチャー　더치페이 トチペイは「Dutch treat Pay」という英語が由来で、日本語の「割り勘」の意味。最近は韓国でも若者を中心に、割り勘の文化が定着しつつある。

☐ 計算がまちがっていますよ。

ケ サ ニ　チャルモッ　トェッソヨ
계산이 잘못 됐어요.

☐ 領収書ください。

ヨンスジュン　チュ セ ヨ
영수증 주세요.

⭐ カルチャー　精算のときに현금영수증 ヒョングムヨンスジュン（現金領収書）が必要かどうか聞かれることが多い。レジで携帯番号を教えると、お店から支出内訳を国税庁に転送してくれ、年末調整の所得控除の対象になる。

☐ 思ったより安かったね。

セ ン ガ ク ポ ダ　ッ サ ネ
생각보다 싸네.

THEME 19 ビューティー

ヘアサロン

音声 1 -76

☐ **韓国ではやっている髪型にしてください。**

ハングゲソ ユヘンハヌン モリ スタイルロ ヘ ジュセヨ

한국에서 유행하는 머리 스타일로 해 주세요.

> ★カルチャー 韓国では一度芸能人がテレビなどではやらせると、みんな同じヘアスタイルにすることが多い。

☐ **思いっきりショートにしてください。**

クンマム モッコ ッチャルケ チャルラ ジュセヨ

큰맘 먹고 짧게 잘라 주세요.

> 🙂 表現 큰맘을 먹다 クンマムル モクタは「大きな決心をする、思い切って何かをする」の意味で使う。

☐ **ゆるくパーマをかけたいです。**

ヤカゲ パマハゴ シポヨ

약하게 파마하고 싶어요.

> 💡 プラスα 「ゆるい」は약하게 ヤカゲ（弱く）といい、「きつい」は강하게 カンハゲ（強く）という。

☐ **色を明るくしたいです。**

パルグンセグロ ハゴ シポヨ

밝은색으로 하고 싶어요.

> 💡 プラスα 어두운색 オドゥウンセク＝暗い色

☐ **この写真のようにしてください。**

イ サジンチョロム ヘ ジュセヨ

이 사진처럼 해 주세요.

> ★カルチャー 예쁘게 해 주세요 イェップゲ ヘ ジュセヨ（きれいにしてください）とだけいって、細かく説明せずに美容師にお任せすることも多い。

☐ **毛先だけそろえてください。**

ックップブンマン タドゥモ ジュセヨ

끝부분만 다듬어 주세요.

> 💡 プラスα 숱 쳐 주세요 スッチョ ジュセヨ＝髪をすいてください

会話／ヘアサロン

☐ イメチェンしたいんですが。

イミジルル バックゴ シプンデヨ
이미지를 바꾸고 싶은데요.

💡 **プラスα** 앞머리를 잘라 주세요 アムモリルル チャルラ ジュセヨ＝前髪を切ってください

☐ 結べるくらいの長さにしてください。

ムックル ス イッスル チョンドエ キ リ ロ ヘ ジュセヨ
묶을 수 있을 정도의 길이로 해 주세요.

💡 **プラスα** 너무 짧게 자르지 마세요 ノム ッチャルケ チャルジ マセヨ＝あまり短く切らない
でください

☐ トリートメントをお願いします。

トゥリトゥモントゥルル   プ タ カ ム ニ ダ
트리트먼트를 부탁합니다.

☐ ヘッドマッサージをお願いします。

トゥピ マ サ ジ ルル プ タ カ ム ニ ダ
두피 마사지를 부탁합니다.

☐ そのシャンプーは買えますか？

ク シャムプヌン サル ス イッソヨ
그 샴푸는 살 수 있어요?

⭐ **カルチャー** 韓国ではシャンプー代はカットやパーマ、トリートメント費用に含まれているの
で別途かかることはない。

☐ 時間はどれぐらいかかりますか？

シ ガ ニ オルマ ナ コルリョヨ
시간이 얼마나 걸려요?

☐ 髪型すごく気に入りました。

モ リ スタイル クェンジャンヒ マ ウ メ トゥ ロ ヨ
머리 스타일 굉장히 마음에 들어요.

166

☐ **このサロンは評判がいいです。**

イ　ネイルショブン　ビョンパニ　チョアヨ
이 네일숍은 평판이 좋아요.

> **発音** ネイルサロンは【네일샵 ネイルシャブ】という人が多いが、正しくは【네일숍 ネイルショブ】(nail shop)という。

☐ **サンプルを見せてください。**

セムプルル　ポヨ　ジュセヨ
샘플을 보여 주세요.

☐ **何色にしようかな。**

ムスン　セグロ　ハジ
무슨 색으로 하지.

☐ **夏らしいデザインにしてください。**

ヨルムチョレ　マンヌン　ディジャイヌロ　ヘ　ジュセヨ
여름철에 맞는 디자인으로 해 주세요.

> **プラスα** 봄 ポム＝春。여름 ヨルム＝夏。가을 カウル＝秋。겨울 キョウル＝冬

☐ **シンプルなデザインでお願いします。**

シムプラン　ディジャイヌロ　ブタカムニダ
심플한 디자인으로 부탁합니다.

> **プラスα** 귀여운 디자인 クィヨウン ディジャイン＝かわいいデザイン。화려한 디자인 ファリョハン ディジャイン＝華やかなデザイン

☐ **爪が割れやすいんですが。**

ソントビ　チャル　カルラジョヨ
손톱이 잘 갈라져요.

> **表現** 「爪」は손톱 ソントブ(手の爪)と발톱 パルトブ(足の爪)で使い分ける。

167

☐ **おすすめのエステサロンはありますか？**

チュチョン　マ サ ジ ショ ビ　イッソ ヨ
추천 마사지숍이 있어요?

⭐ **カルチャー** 美のための「マッサージ、エステ」もあるが、体の毒素を出す「汗蒸幕、よもぎ蒸し」、整体をする「スポーツマッサージ」もある。

☐ **お肌の悩みはありますか？**

ヒ ブ　ゴ ミ ニ　イッソ ヨ
피부 고민이 있어요?

💡 **プラスα** 여드름 ヨドゥルム＝ニキビ。 기미 キミ＝シミ。 주근깨 チュグンッケ＝ソバカス

☐ **敏感肌なんです。**

ミンガマン　ピ ブ イ ェ ヨ
민감한 피부예요.

💡 **プラスα** 건성피부 コンソンピブ＝乾燥肌。 지성피부 チソンピブ＝脂性肌
트러블성피부 トゥロブルソンピブ＝トラブル肌

☐ **どんなコースがありますか？**

オットン　コ ス ガ　イッソ ヨ
어떤 코스가 있어요?

💡 **プラスα** 탄력 タルリョク＝弾力、ハリ。 미백 ミベク＝美白。 보습 ポスプ＝保湿、うるおい

☐ **オイルマッサージをお願いします。**

オイル マ サジ ル ル　ブ タ カムニ ダ
오일마사지를 부탁합니다.

💡 **プラスα** 얼굴마사지 オルグルマサジ＝顔マッサージ。 발마사지 パルマサジ＝足マッサージ。 손마사지 ソンマサジ＝手マッサージ

☐ **好きなオイルを選んでください。**

チョ ア ハ ヌン　オイル ル ル　ソンテ ケ　ジュ セ ヨ
좋아하는 오일을 선택해 주세요.

☐ **気もちがいい！**

シ ウ ォ ナ ダ
시원하다!

😊 表現 시원하다 シウォナダは「気もちいい」以外にも「涼しい、冷たい」という意味でも使う。

☐ **小顔になったみたい。**

オ ル グ リ　チャガジン　ゴ　ガ タ
얼굴이 작아진 거 같아.

⭐ カルチャー 골기테라피 コルギテラピ（直訳：骨器セラピー）なら全身のゆがみを整え、小顔のマッサージの얼굴 축소 골기 オルグル チュクソ コルギ（直訳：顔縮小骨器）もしてもらえる。

マッサージ

☐ **どこかつらいところはありますか?**

オディ　アブン　デ　イッソヨ
어디 아픈 데 있어요?

😊 表現 直訳では「どこか痛いところがありますか？」。

☐ **腰が痛いです。**

ホ リ ガ　ア パ ヨ
허리가 아파요.

💡 プラスα 요통이 심해요 ヨトンイ シメヨ＝腰痛がひどいです

☐ **むくみがひどいんです。**

プ ッ キ ガ　シ メ ヨ
붓기가 심해요.

😊 表現 붓다 プッタ（むくむ、腫れる）

☐ **肩こりがつらくて。**

オ ッ ケ ガ　マ ニ　キョルリョヨ
어깨가 많이 결려요.

😊 表現 直訳では「肩がたくさん凝っている」。어깨통 オッケトン（肩痛）という言葉もある。

169

☐ 全身コースでお願いします。

チョンシン コス ロ プタカムニダ
전신 코스로 부탁합니다.

💡 プラスα　아로마오일 코스 アロマオイル コス=アロマオイルコース。비만관리 코스 ピマン
クァルリ コス=痩身コース。자세교정 코스 チャセギョジョン コス=ゆがみ矯正
コース

☐ 仰向けになってください。

ットゥパロ ヌ ウ セ ヨ
똑바로 누우세요.

💡 プラスα　엎드리세요 オプトゥリセヨ=うつぶせになってください

☐ 痛くないですか?

ア ナ パ ヨ
안 아파요?

☐ もうちょっと強くても大丈夫です。

チョム ト セ ゲ ヘ ド クェンチャナヨ
좀 더 세게해도 괜찮아요.

💡 プラスα　좀 더 살살해 주세요 チョム ト サルサレ ジュセヨ=もうちょっと弱くしてください

☐ くすぐったい!

カンジロ ウォ
간지러워!

☐ ちょうどいいです。

ッタク チョ ア ヨ
딱 좋아요.

☐ めちゃめちゃ痛い!

オムチョンナゲ ア パ
엄청나게 아파!

170

☐ **そこはなんのツボですか?**

コ ギ ヌ ン　ムスン　チ ア ビ エ ヨ
거기는 무슨 지압이에요?

💡**プラスα** 경락지압 キョンナクチアプ＝経絡指圧

☐ **胃腸がよくないようですね。**

ウィジャンイ　アン　チョウン　ゴ　ガンネヨ
위장이 안 좋은 거 같네요.

☐ **優しくお願いします。**

サ ル サ レ　ジ ュ セ ヨ
살살해 주세요.

💡**プラスα** 좀 더 빡빡 문질러 주세요 チョム トッパクッパク ムンジルロ ジュセヨ＝もっとゴシ
ゴシお願いします

☐ **こんなにあかが出て、恥ずかしい。**

イ ロ ッ ケ　ッ テ ガ　マ ニ　ナ ワ ソ　ブックロップタ
이렇게 때가 많이 나와서 부끄럽다.

⭐**カルチャー** 韓国では自分たちで때밀이 ッテミリ(あかすり)をすることが多い。銭湯に行って、
あかすり担当の店員がいると、あかすりをお願いすることもある。

☐ **肌がツルツルになったよ。**

ビ ブ ガ　メンドゥルメンドゥレジョッソ
피부가 맨들맨들해졌어.

💡**プラスα** 몸이 가벼워졌어 モミ カビョウォジョッソ＝体が軽くなったよ

☐ **きゅうりパックしてもらえますか?**

オ イ ヘ ク　ヘ　ジ ュ シ ル レ ヨ
오이팩 해 주실래요?

💡**プラスα** 해초팩 ヘチョペク＝海藻パック。석고팩 ソクコペク＝石膏パック。천연한방팩
チョニョンハンバンペク＝天然漢方パック

メイク・コスメ

音声 1 -81

☐ **韓国コスメは安くて優秀！**

ハングク ファジャブムン ッサゴ チョッタ
한국 화장품은 싸고 좋다!

☐ **友だちにもお土産頼まれちゃった。**

チングハンテド サ ワ タルラゴ ブタク ハダッソ
친구한테도 사 와 달라고 부탁 받았어.

> 😊 **表現** 直訳では「友だちにも買ってきて欲しいと頼まれた」。

☐ **BBクリームを1本持っていると便利だよね。**

ビビクリムル ハン ゲ カジゴ イッスミョン ピョルリヘ
비비크림을 한 개 가지고 있으면 편리해.

> 💡 **プラスα** 스킨 スキン＝化粧水。로션 ロション＝乳液。수분크림 スブンクリム＝水分クリーム。선크림 ソンクリム＝日焼け止め

☐ **オルチャン肌をつくれるよ。**

オルッチャン ピ ブ マンドゥル ス イッケッタ
얼짱 피부 만들 수 있겠다.

> 😊 **表現** オルチャンは얼굴짱 オルグルッチャン(顔最高)の略語。

☐ **パッケージがかわいい！**

ケ イ ス ガ ノ ム クィヨブタ
케이스가 너무 귀엽다!

☐ **もっと明るいグロスはありませんか？**

チョム ド バルグンセク リブクルロジュヌン オ ム ナ ヨ
좀 더 밝은색 립클로즈는 없나요?

> 💡 **プラスα** 립스틱 リブスティク＝口紅

☐ オーガニックコスメがはやっています。

유기농 화장품이 유행하고 있어요.

☐ どういう順番でつければいいですか?

어떤 순서로 바르면 돼요?

☐ アイラインはしっかり入れます。

아이라인은 또렷하게 그려요.

☐ 韓国人って美肌だよね。

한국 사람들은 피부가 좋아.

★カルチャー 韓国人は高い化粧品を使うよりも、肌の手入れに気を配る。誰でも気軽に皮膚科やエステに行く。

☐ お肌のお手入れ方法を教えてください。

피부 손질 방법을 가르쳐 주세요.

☐ 最近、化粧ののりがよくないんですよ。

요즘 화장이 잘 안 먹어요.

💡プラスα 화장이 잘 먹어요 ファジャンイ チャル モゴヨ＝化粧ののりがいい

☐ 家ではすっぴんだよ。

집에서는 생얼이야.

😊表現 「すっぴん」は생얼 センオル(生顔)という。発音を強めて쌩얼 ッセンオルともいう。同じような意味で민낯 ミンナッもある。

173

韓国の美容文化

美容大国「韓国」のこだわり

　日本人は化粧品やヘアスタイルにこだわる傾向があ
りますが、韓国人は、素肌や髪質にこだわ
ります。そのため、日本人よりも皮膚科
やエステに通う頻度が非常に高く、店舗
の数も日本より圧倒的に多いのです。学
生のときから、ニキビやシミができたり、
肌があれたりしたら、すぐ病院に行って
施術を受け、肌の管理をしてもらいます。
　美容院では、ヘアスタイルよりも髪の
質をよくすることが重要とされています。
髪を切る技術よりも、肌と同じく根本の
髪の質をよくしてツヤツヤ、サラサラでボ
リューム感のある髪に見えることが大切な
ポイントです。韓国人は少々せっかちな国民
性があり、日本のように時間をかけてゆっくり
とケアをするのではなく、早く効果が出ることを
重視しています。

　また、肌や髪質をよくするために、漢方薬も人気
です。韓国では漢方薬が入っている乳液やク
リーム、またシャンプーやコンディショナー
も多く、肌や髪の質をよくするために使われ
ています。
　もちろん、普段の食事でも美容を意識してい
ます。韓国の食事には、野菜やニンニク、トウガ
ラシなど、新陳代謝を高める食材がたくさんありま
す。食事によって体を内面からケアしていくのです。

さらに、韓国は日本のように家庭でお風呂に入る文化はあまりありません。そのかわり、チムジルバンや汗蒸幕、銭湯（モギョクタン）がたくさんあります。週に何度も通って汗をかき、老廃物を徹底的に排出することが文化として根づいています。銭湯では、古くなった角質をこすり落として血行をよくする「あかすり」をして、ヨーグルトやきゅうりで顔のパックをします。そして、よく耳にするかと思いますが、美容整形も発達しています。ただし、あくまでも自然に見えることがポイントです。

before

　最近では「アートメイク」と呼ばれる皮膚の下に色を入れる医療施術も注目されています。汗や水で落ちることがなく、朝のメイク時間も短縮できます。眉毛やアイライン、リップなどがありますが、とくに眉毛は非常に人気。自分の眉毛のように形や色をナチュラルに仕上げることができるため、女性だけではなく男性が施術を受けることもあります。

after

　そのほか、落ちにくいアイライナーやリップといったコスメも販売されています。

☐ 二重まぶたにしたいです。

쌍꺼풀을 만들고 싶어요.
ッサンッコプルル マンドゥルゴ シ ポ ヨ

💡 プラスα　코를 세우고 싶어요 コルル セウゴ シボヨ＝鼻を高くしたいです

☐ シミとしわをとれますか?

기미하고 주름 없앨 수 있어요?
キ ミ ハ ゴ チュルム オプセル ス イッソヨ

💡 プラスα　주근깨 チュグンッケ＝ソバカス。팔자주름 パルチャジュルム＝ほうれい線
점 チョム＝ほくろ

☐ 料金はどのくらいですか?

비용이 어느 정도예요?
ビ ヨンイ オ ヌ ジョンドイェヨ

😊 表現　비용이 들다 ビヨンイ トゥルダ (費用がかかる)

☐ 日帰りで整形手術はできますか?

당일치기로 성형수술이 가능해요?
タン イルチ ギ ロ ソンヒョンススリ カ ヌン ヘ ヨ

⭐ カルチャー　韓国に行くと성형외과 ソンヒョンウェクァ (整形外科)の看板を簡単に見つけることができる。

☐ 目がぱっちりになったよ。

눈매가 또렷해졌어.
ヌン メ ガ ットリョテジョッソ

😊 表現　눈매 ヌンメは「目つき、目元」の意味。ここでは「目元がばっちりになったよ」の意味で使われている。

☐ 10歳は若返ったみたい。

열 살은 젊어진 거 같아.
ヨル サルン チョルモジン ゴ ガ タ

CHAPTER 5

エンタメ・遊び

THEME 20 ショー・ライブ

ファンの会話

音声 2 -01

なりきりミニ会話

☐ どこから来たんですか?
オディエソ ワッソヨ
어디에서 왔어요?

ユミ

カズホ

☐ 日本から来ました。
イルボネソ ワッソヨ
일본에서 왔어요.

☐ グループの中で誰が好きですか?
クル パネソヌン ヌグルル チョアヘヨ
그룹 안에서는 누구를 좋아해요?

ユミ

カズホ

☐ みんな大好きです!
モドゥ ノム チョアヘヨ
모두 너무 좋아해요!

☐ わかるわかるー!
アルジ アルジ
알지 알지!

ユミ

178

☐ **8月にライブがあるんだって！**

<ruby>팔<rt>パ</rt></ruby> <ruby>월에<rt>ルォレ</rt></ruby> <ruby>콘서트가<rt>コンソトゥガ</rt></ruby> <ruby>있대<rt>イッテ</rt></ruby>!
팔 월에 콘서트가 있대!

☐ **絶対チケットとらなきゃ。**

<ruby>꼭<rt>ッコク</rt></ruby> <ruby>티켓<rt>ティケッ</rt></ruby> <ruby>사야<rt>サヤ</rt></ruby> <ruby>하는데<rt>ハヌンデ</rt></ruby>.
꼭 티켓 사야 하는데.

😊 **表現** 「チケットをとる」は티켓을 사다 ティケスル サダ (チケットを買う)

☐ **最前列のチケットとれないかな?**

<ruby>제일<rt>チェイル</rt></ruby> <ruby>앞줄<rt>アプチュル</rt></ruby> <ruby>티켓<rt>ティケッ</rt></ruby> <ruby>살<rt>サル</rt></ruby> <ruby>수<rt>ス</rt></ruby> <ruby>있을까<rt>イッスルッカ</rt></ruby>?
제일 앞줄 티켓 살 수 있을까?

😊 **表現** 「最前列」は제일 앞줄 チェイル アプチュル (一番前の列)

☐ **チケットとれなかったら泣いちゃうよ。**

<ruby>티켓<rt>ティケッ</rt></ruby> <ruby>예매<rt>イェメ</rt></ruby> <ruby>안<rt>アン</rt></ruby> <ruby>되면<rt>ドェミョン</rt></ruby> <ruby>눈물<rt>ヌンムル</rt></ruby> <ruby>날<rt>ナル</rt></ruby> <ruby>거<rt>ゴ</rt></ruby> <ruby>같아<rt>ガタ</rt></ruby>.
티켓 예매 안 되면 눈물 날 거 같아.

⭐ **カルチャー** 韓国ではネットでライブチケットの先行販売をすることが多い。1分でチケット が売り切れたり、アクセスが集中してサーバーがダウンしたりすることもある。

☐ **先行販売があるよ。**

<ruby>사전예매<rt>サジョンイェメ</rt></ruby> <ruby>있어<rt>イッソ</rt></ruby>.
사전예매 있어.

😊 **表現** 「先行販売」は사전예매 サジョンイェメ (事前前売)、または사전티켓팅 サジョンティケティン (事前ticketing)

☐ **10時発売開始だって。**

<ruby>열<rt>ヨル</rt></ruby> <ruby>시<rt>シ</rt></ruby> <ruby>발매<rt>バルメ</rt></ruby> <ruby>시작이래<rt>シジャギレ</rt></ruby>.
열 시 발매 시작이래.

☐ ネットがつながらない！

イントネシ　ブルトンイヤ
인터넷이 불통이야!

😊 表現　불통 ブルトン(不通)

☐ 発売同時に売り切れだって……。

ハルメ　ドンシエ　メジンドェッテ
발매 동시에 매진됐대...

☐ 急用で行けなくなりました。

クハン　ニルロ　モッ　カ ゲ　ドェッソヨ
급한 일로 못 가게 됐어요.

😊 表現　급한 일로 クハン ニルロ(急なことで、急用で)

☐ そのチケット、ゆずって！

ク　ティケッ　ヤンボヘ　ジュォ
그 티켓 양보해 줘!

😊 表現　양보하다 ヤンボハダ(ゆずる)

☐ カムバックステージは絶対行く！

コムベク　ム デ エ　ッコク カル　コ ヤ
컴백 무대에 꼭 갈 거야!

😊 表現　컴백 무대 コンベク ムデ(カムバックステージ、カムバック舞台)

会場入り

☐ 今ごろ、リハーサルしているのかな。

チグムッチュム　リ ホ ソ ル　ハ ゴ　イッスリョナ
지금쯤 리허설 하고 있으려나.

🔊 発音　「リハーサル」は【리허설 リホソル】と発音する。

☐ 開場は何時から?

イプチャンウン ミョッ シ ブ ト ヤ
입장은 몇 시부터야?

> 😊 **表現** ほかに「開場」を表わす言葉で개장 ケジャンは遊園地や動物園などが開場する
> ときに使う。公演の開場の場合は입장 イプチャン(入場)。

☐ 会場、広いね!

コンヨンジャン ノ ル ネ
공연장 넓네!

> 😊 **表現** コンサートの「会場」は회장 フェジャンではなく、공연장 コンヨンジャン(公演場)
> を使うことが多い。

☐ 朝5時から並んでます。

アチム タソッ シ ブ ト チュル ソッソヨ
아침 다섯 시부터 줄 섰어요.

> 😊 **表現** 줄 서다 チュルソダ(列を立つ)は「並ぶ」の意味で使う。

☐ スタンディング席はまだありますか?

ステンディンソグン アジク イッソヨ
스탠딩석은 아직 있어요?

> 💡 **プラスα** 좌석 チュアソク=スタンド席。이 층 자리 イチュン ジャリ=2階席

☐ Sエリアを2枚ください。

エスグョグ ロ トゥ ジャン チュセヨ
S구역으로 두 장 주세요.

> 😊 **表現** 「Sエリア」はS구역 エスグョク(S区域)という。

☐ バウチャーはどこで引き換えますか?

キョファンクォヌン オ ディ ソ バックォヨ
교환권은 어디서 바꿔요?

> 😊 **表現** 「バウチャー」は교환권 キョファンクォン(交換券)という。

☐ 入場の列はどこですか?

イプチャンジュルン オ ティ イ エ ヨ
입장줄은 어디예요?

☐ ワクワクする！

설렌다!
ソルレンダ

☐ ペンライトは持ってきた?

응원봉 가지고 왔어?
ウンウォンボン　カ　ジ　ゴ　ワッソ

> 😊 **表現** 韓国ではペンライトとはいわず、응원봉 ウンウォンボン（応援棒）という。

☐ グッズ売り場をチェックしていい?

굿즈 매장을 봐도 돼?
クッズ　メジャンウル　ボアド　ドェ

☐ バッグの中身を見せてください。

가방 안을 보여 주세요.
カバン　アヌル　ホヨ　ジュセヨ

☐ 飲食物は持ち込めません。

음식물은 가지고 들어갈 수 없습니다.
ウムシンムルン　カ　ジ　ゴ　トゥロガルス　オプスムニダ

> 🎵 **発音** 음식물（飲食物）は【음싱물 ウムシンムル】と発音する。

☐ 押さないでください！

밀지 마세요!
ミルジ　マセヨ

> 🔵 **文法** ～지 마세요 ジ マセヨ（～しないでください、～するのはやめてください）

☐ 走らないで！

뛰지 마!
ッティジ　マ

☐ 思っていたより、いい席だね。

セン ガッ ボ ダ チョウン ジャ リ ネ
생각보다 좋은 자리네.

☐ 目があったらどうしよう！

ヌ ニ マジュチミョン オッ チョジ
눈이 마주치면 어쩌지!

😊 **表現** 「目があう」は눈 ヌン(目)に마주치다 マジュチダ(出くわす、偶然会う)。

☐ あの曲を歌ってほしいな。

ク ゴク ブルロッスミョン ジョッケッタ
그 곡 불렀으면 좋겠다.

📷
会場入り

☐ ドキドキしてきた。

トゥグントゥグナダ
두근두근하다.

☐ 帽子をとってもらえますか？

モ ジャ ボソ ジュ シルレ ヨ
모자 벗어 주실래요?

😊 **表現** 벗다 ボッタ(脱ぐ)。「帽子をかぶる」は모자를 쓰다 モジャルルッスダ

☐ 1曲目からスタンディングだよ！

チョッコクブト ステンディンイヤ
첫곡부터 스텐딩이야!

💡 **プラスα** 엄청 흥분된다 オムチョン フンブンデンダ＝超興奮するよ

☐ 何がなんだかわからない！

ムォガ ムォンジ モルゲッソ
뭐가 뭔지 모르겠어!

183

スターへの賞賛

185

☐ みんな、愛してるよ！

ヨロブン　サランヘヨ

여러분 사랑해요!

⭐カルチャー　韓国では友だちや家族でも「愛している」という表現をよく使う。

☐ ぼくも会いたかったです。

チョド　ボゴ　シホッソヨ

저도 보고 싶었어요.

📖文法　「会う」は보다 ボダと만나다 マンナダがある。보다 ボダは「恋しい、懐かしい」の
ニュアンスも含まれている。

☐ いつも応援ありがとう！

ハンサン　ウンウォン　コマウォヨ

항상 응원 고마워요!

📖文法　「いつも」は3つの単語があり、どれも意味が似ている。항상 ハンサン（いつも変
わりなく〈直訳：恒常〉）。늘 ヌル（続けていつも、変わりなく、ずっと）。언제나 オンジェ
ナ（全時間にわたって変わりなく）

☐ 準備はいいですか？

チュンビ　トェッソヨ

준비 됐어요?

⭐カルチャー　韓国のライブでは座って静かに聴くよりも声を出して歌ったり、立っていっしょ
に盛り上がることが多い。

☐ 叫べ！

ソリ　チルロ

소리 질러!

😊表現　直訳では「声を上げる、大声を出す」。

☐ 跳べ！

ットィオ

뛰어!

⭐カルチャー　盛り上がる歌のときは、歌手もファンも立ち、自分の席でジャンプして、楽しむ。

☐ 拍手！

バクス
박수!

☐ みんないっしょに盛り上がろう！

タ　ガチ　ノラ　ボジャ
다 같이 놀아 보자!

😊 **表現** 直訳では「みんないっしょに遊んでみよう」。

☐ みんないっしょに歌いましょう。

モドゥ　ガチ　ブルロヨ
모두 같이 불러요.

😊 **表現** 노래를 부르다 ノレルル ブルダ（歌を歌う）

☐ もっと大きく！

ト　クゲ
더 크게!

⭐ **カルチャー** 直訳では「もっと大きな声で歌ってください」。ライブで歌手が言うことが多い。

☐ みんな立ち上がって！

モドゥ　イ　ロ　ナ
모두 일어나!

💡 **プラスα** 일어나다 イロナダ＝立ち上がる。앉다 アンタ＝座る

☐ 最後の曲です。

マ　ジ　マク　コ　ギ　ム　ニ　ダ
마지막 곡입니다.

💡 **プラスα** 이제 헤어질 시간입니다 イジェ ヘオジル シガニムニダ＝そろそろ別れる時間です

☐ みなさん、幸せでいてください。

ヨ　ロ　ブン　ヘ　ン　ボ　カ　セ　ヨ
여러분 행복하세요.

⭐ **カルチャー** お別れの前によくいうフレーズ。

◻ またお会いしましょう。

ット　マンナヨ
또 만나요.

◻ 今日はどうもありがとう！

オ ヌ ルン　チョンマル　コ マ ウォ ヨ
오늘은 정말 고마워요!

◻ きゃー！　来たよ！

ア ア ク　　ワッ ソ
아악! 왔어!

◻ 今日のライブ、がんばって！

オ ヌ ル　コンソトゥ　ヒ ム ネ セ ヨ
오늘 콘서트 힘내세요!

🙂 表現 「ライブ」には콘서트 コンソトゥ(コンサート)。팬미팅 ペンミティン(ファンミーティ
ング)。공연 コンヨン(公演)などがある。

◻ こっち向いて！

イッチョク　チョム　ボ ア　ジュ セ ヨ
이쪽 좀 봐 주세요!

🙂 表現 直訳では「こっちちょっと見てください」。

◻ サインしてください。

サ イ ネ　ジュ セ ヨ
사인해 주세요.

💡 プラスα 안아 주세요 アナ ジュセヨ＝ハグしてください

188

☐ サングラスはずして！

ソングルラス ボ ソ ジュセヨ
선글라스 벗어 주세요!

😊 表現　直訳では「サングラスをはずしてください」。

☐ 今日のライブ、かっこよかったです。

オ ヌル コンソトゥ モ シッ ソッ ソ ヨ
오늘 콘서트 멋있었어요.

💡 プラスα　컴백무대 멋있었어요 コムベクムデ モシッソッソヨ＝カムバック舞台、かっこよ
かったです

☐ お疲れさまー！

ス ゴ ヘッ ソ ヨ
수고했어요!

⭐カルチャー　韓国では、仲のいい友だちでない限り、ため口はあまり使わない。ここでは「お疲
れさまでした」という意味。

☐ プレゼントです！

ソ ン ム リ エ ヨ
선물이에요!

☐ カムバックおめでとう！

コムベク チュ カ ヘ ヨ
컴백 축하해요!

☐ 手紙渡せたよ！

ピョンジ チョンダレッソ
편지 전달했어!

😊 表現　전달하다 チョンダラダ（渡す）

☐ すごく楽しかった。

チョンマル チュルゴウォッタ
정말 즐거웠다.

189

☐ **大学路は演劇の街です。**

^{テ ハンノ}

대학로는 연극의 거리예요.
^{テハンノヌン ヨングゲ ゴリィェヨ}

> **発音** 대학로(大学路)は【대항노 テハンノ】と発音する。

☐ **毎晩いろんなミュージカルが見られるね。**

매일밤 다양한 공연을 볼 수 있네.
^{メイルバム タヤンハン コンヨヌル ボル ス インネ}

> **カルチャー** 大学路では演劇や、ミュージカル、お笑い公演など、いろいろな公演が楽しめる。

☐ **ブロードウェイみたい！**

브로드웨이 같아!
^{ブロドゥウェイ カタ}

☐ **日本語字幕があるね。**

일본어 자막이 있네.
^{イルボノ チャマギ インネ}

> **プラスα** 더빙トビン＝吹き替え（dubbing）

☐ **今日のキャストをチェック！**

오늘 배역도 체크!
^{オヌル ベヨット チェク}

> **カルチャー** 最近ではアイドルがミュージカルに出ることも増えている。

☐ **韓国ドラマが原作だね。**

한국 드라마가 원작이네.
^{ハングッ ドゥラマガ ウォンジャギネ}

☐ **チケットはネットで購入したよ。**

ティケスン イントネスロ クイペッソ
티켓은 인터넷으로 구입했어.

> 😊 **表現** 韓国では日本語の「ネット」のように略語を使わず、인터넷 イントネッ(インター
> ネット)という。

☐ **チケットは会場で受け取れます。**

ティケスン コンヨンジャンエソ パドゥル ス イッソヨ
티켓은 공연장에서 받을 수 있어요.

> 😊 **表現** 받다 パッタ(受け取る、もらう)

☐ **歌唱力がすごいの！**

カチャンニョギ テ ダ ネ
가창력이 대단해!

☐ **この俳優さん、ダンスが上手！**

イ ヘ ウ チュムル チャル チュオ
이 배우 춤을 잘 춰!

> 😊 **表現** 춤을 잘 추다 チュムル チャル チュダ(踊りを上手に踊る)

☐ **韓国で有名な作品はなんですか?**

ハン グ ゲソ ユミョンハン ジャクプミ ムォイェヨ
한국에서 유명한 작품이 뭐예요?

> ⭐ **カルチャー** 韓国を代表するロングランのミュージカルは「난타 ナンタ(乱打)」。キッチンにあ
> る包丁やまな坂を打楽器のように叩いてパフォーマンスをする。

☐ **おすすめの作品を教えて。**

チュチョン ジャクプムル カ ル チョ ジュォ
추천 작품을 가르쳐 줘.

☐ **演技がうまくて鳥肌が立ったよ！**

ヨンギリョク ッテムネ ソルム トダッソ
연기력 때문에 소름 돋았어!

> 😊 **表現** 소름 돋다 ソルム トッタ(鳥肌が立つ)

ファンミーティング

握手会

音声
2 -07

☐ 握手してください。

악수해 주세요.
アクスヘ ジュセヨ

☐ サインしてください。

사인해 주세요.
サイネ ジュセヨ

☐ 名前を書いてください。

이름을 써 주세요.
イルムル ッソ ジュセヨ

☐ 私の名前はひかるです。

제 이름은 히카루예요.
チェ イルムン ヒカルイェヨ

> **文法** もっとていねいな敬語だと 히카루입니다 ヒカルイ二ダ (ひかるです)となる。

☐ 一度ハグしてもらってもいいですか?

한번 안아 주시면 안돼요?
ハンボン ア ナ ジュシミョン アンドェヨ

> **表現** 안다 アンタ(抱く)

☐ いっしょに写真撮ってもらえますか?

같이 사진 찍어 주실래요?
カチ サジン ッチゴ ジュシルレヨ

◯ 会いたかったです。

보고 싶었어요.
(ポゴ シボッソヨ)

> **文法** ～고 싶었어요 ゴ シボッソヨ (～したかったです)

◯ 私のこと覚えてますか?

저 기억하세요?
(チョ キオカセヨ)

> **表現** 기억하다 キオカダ (覚える、記憶する)

◯ いつも応援しています。

항상 응원하고 있어요.
(ハンサン ウンウォナゴ イッソヨ)

◯ ミュージックビデオすごくよかったです。

뮤직비디오 너무 좋았어요.
(ミュジクビディオ ノ ム チョアッソヨ)

◯ 体に気をつけてください。

몸조심하세요.
(モムジョシマセヨ)

> **表現** 몸조심하다 モムジョシマダ (体に気をつける〈直訳:体に注意する〉)

◯ 最新アルバム買いました。

최신 앨범 샀어요.
(チェシン エルボム サッソヨ)

> **発音** 앨범(アルバム)は【エルボム】と発音する。

◯ ドラマ見ましたよ。

드라마 봤어요.
(トゥラマ ポァッソヨ)

193

☐ 演技、とってもうまいですね。

ヨンギ ノム チャラセヨ
연기 너무 잘하세요.

☐ 次のコンサートも必ず行きます。

タウム コンソトゥド ッコク カルケヨ
다음 콘서트도 꼭 갈게요.

☐ 日本に来てください！

イルボネ ワ ジュセヨ
일본에 와 주세요!

☐ プレゼント、受け取ってください。

ソンムル パダ ジュセヨ
선물 받아 주세요.

😊 **表現** 선물 ソンムル（プレゼント、お土産）

☐ 私が作りました。

チェガ マンドゥロッソヨ
제가 만들었어요.

☐ 誕生日プレゼントです。

センイル ソンムリエヨ
생일 선물이에요.

☐ このブランド好きですよね。

イ ブレンドゥ チョアハシジョ
이 브랜드 좋아하시죠.

☐ 新曲毎日聴いています。

<small>シンゴク メイル トゥッコ イッソヨ</small>
신곡 매일 듣고 있어요.

☐ 甘い声が大好きです。

<small>タルコマン モクソリルル チョアヘヨ</small>
달콤한 목소리를 좋아해요.

> 💡 **プラスα** 声がいい人を꿀성대 ックルソンデ (はちみつ声帯)という。

☐ ダンスの神だと思ってます！

<small>チュムシニラゴ センガケヨ</small>
춤신이라고 생각해요!

> 💡 **プラスα** 춤신 チュムシン＝ダンスの神。노래신 ノレシン＝歌の神。연기신 ヨンギシン ＝演技の神。여신 ヨシン＝女神

インタビュー

音声 2 -08

☐ 日本でのライブはいかがでしたか？

<small>イルボネソ エ コンヨヌン オットショッソヨ</small>
일본에서의 공연은 어떠셨어요?

☐ 日本のファンをどう思いますか？

<small>イルボン ペヌル オットケ センガカセヨ</small>
일본 팬을 어떻게 생각하세요?

> 🔊 **発音** 「ファン」は【팬 ペン】と発音する。

☐ 日本の印象はどうですか？

<small>イルボネ インサンウン オッテヨ</small>
일본의 인상은 어때요?

☐ 好きな日本料理はなんですか?

チョアハヌン　イルボン　ニョリガ　ムォイェヨ
좋아하는 일본 요리가 뭐예요?

🎵 **発音** 일본 요리(日本料理)は【일본 뇨리 イルボン ニョリ】と発音する。

☐ どこか行きたいところはありますか?

オディ　カゴ　シプン　ゴシ　イッソヨ
어디 가고 싶은 곳이 있어요?

💡 **プラスα** 뭔가 먹고 싶은 것이 있어요? ムォンガ モッコ シプン ゴシ イッソヨ=何か食べた
いものがありますか?

☐ 日本語上手ですね。

イルボノ　チャラセヨ
일본어 잘하세요.

💡 **プラスα** 언제부터 공부했어요? オンジェブト コンブヘッソヨ=いつから勉強しましたか?

☐ 今後の計画も教えてください。

ア　プ　ロ　エ　ケフェグル　アルリョ　ジュセヨ
앞으로의 계획을 알려 주세요.

☐ 将来の夢はなんですか?

ア　プ　ロ　エ　ックムン　ムォイェヨ
앞으로의 꿈은 뭐예요?

☐ 目標にしている人は誰ですか?

ロ ル モ デ リ　ヌグイェヨ
롤모델이 누구예요?

⭐ **カルチャー** 韓国の俳優やアイドルのインタビューでは、目標にしている人(ロールモデル)が
誰かという質問が多い。

☐ 次の作品ではどんな役ですか?

タウム　チャックプメソヌン　オットン　ニョギセヨ
다음 작품에서는 어떤 역이세요?

💡 **プラスα** 주연 チュヨン=主役(直訳:主演)。 조연 チョヨン=脇役(直訳:助演)

THEME 22 スターの生活

ゴシップネタ

音声 2 -09

☐ **このふたり、付き合っているんだって！**

トゥ サラム サグィンデ
두 사람 사귄대!

📖 **文法** ～ㄴ/는대 ンデ（～だって）

☐ **事務所から独立するらしい。**

キフェクサエソ トンニパヌン ゴ ガタ
기획사에서 독립하는 것 같아.

😊 **表現** 日本語では「事務所から独立」というが、韓国では「企画社から独立」という表現を使う。

☐ **金銭問題でもめたんだって。**

クムジョンムンジェロ タトォッテ
금전문제로 다퉜대.

😊 **表現** 다투다 タトゥッダ（もめる）。다툼이 있다 タトゥミ イッタ（もめごとがある）

☐ **性的暴行スキャンダルが出たって。**

ソンポケン スケンドゥリ ナッテ
성폭행 스캔들이 났대.

💡 **プラスα** 성폭행 ソンポケン＝性的暴行。성폭력 ソンポンニョク＝性暴力

☐ **ネットで話題になっているよ。**

イントネセソ ファジェガ トェゴ イッソ
인터넷에서 화제가 되고 있어.

☐ **かなり整形してるよね。**

オムチョン ソンヒョン ヘンネ
엄청 성형 했네.

☐ 酒癖が悪いんだって。

スルボルシ　ナプデ
술버릇이 나쁘대.

☐ 盗作疑惑が出ています。

ピョジョル　ウィホギ　ナオゴ　イッソヨ
표절 의혹이 나오고 있어요.

> 😊 **表現** 표절 ピョジョル(盗作、パクリ)

☐ グループを脱退するんだって！

クルベソ　タルトェハンデ
그룹에서 탈퇴한대!

> 💡 **プラスα** 탈퇴 タルトェ＝脱退。해체 ヘチェ＝解散(直訳：解体)

☐ ファンのストーキングに困っているって。

サセンペン　ッテムネ　ヒムドゥロ　ハンデ
사생팬 때문에 힘들어 한대.

> 😊 **表現** 사생팬 サセンペンは사생활 サセンファル(私生活)と팬 ペン(ファン)の造語。
> 「追っかけや迷惑行為をするファンのこと」をいう。

☐ 兵役中の特別扱い疑惑の記事見た？

クントゥケ　ノルラン　キサ　ボァッソ
군특혜 논란 기사 봤어?

> ⭐ **カルチャー** 韓国の芸能界では、軍隊に行かなかったり、軍隊での特別扱いなどの疑惑が報
> 道されたりすると、人気が一気に落ちてしまう。芸能人にとっても兵役は大事。

☐ また恋愛スキャンダルが出たって。

ット　ヨレソリ　トジョッテ
또 열애설이 터졌대.

☐ できちゃった結婚なんだって。

ソットゥウィバヌロ　キョロナンデ
속도위반으로 결혼한대.

> 😊 **表現** 直訳では「速度違反で結婚するんだって」。속도위반 ソットゥウィバン(速度違反)
> は本当の交通違反でも使われるが、「できちゃった結婚」の意味でも使う。

☐ 来年入隊します。

_{ネニョネ　イプテヘヨ}
내년에 입대해요.

⭐カルチャー　韓国の軍隊には陸軍、海軍、空軍以外に、義兵隊、軍楽隊などがある。

☐ 入隊前、最後のコンサートです。

_{イプテジョン　マジマク　コンソトゥイェヨ}
입대전 마지막 콘서트예요.

☐ 軍楽隊に服務します。

_{クナクテエ　ボンムヘヨ}
군악대에 복무해요.

⭐カルチャー　軍楽隊は誰でも入れるわけではない。2つ以上の楽器の演奏ができて、試験に合格した人のみが服務できる。

☐ ぼくのこと、忘れないで。

_{チョ　イッチ　マセヨ}
저 잊지 마세요.

😊表現　「私、ぼく」は、ていねいな表現の저 チョとカジュアルな表現の나 ナがある。

☐ いってらっしゃい。

_{チャル　タニョワヨ}
잘 다녀와요.

⭐カルチャー　入隊したら、携帯や服など持ち込んだものを自宅に郵送で送らないといけない。スターを見送るときは、プレゼントなどは渡さないほうがいい。

☐ ずっと好きです。

_{ケソク　チョアハルケヨ}
계속 좋아할게요.

☐ 軍隊がんばってください。

クンボンム チャ ラ セヨ
군복무 잘 하세요.

> :) **表現** 直訳では「軍服務しっかり(元気に)してください」。

☐ 体に気をつけてください。

コンガン チョ シ マ セヨ
건강 조심하세요.

> 💡 **プラスα** 다치지 않도록 조심하세요 タチジ アントロッ チョシマセヨ＝けがをしないように
> してください

☐ 軍服、とってもりりしいです。

クンボッ ノ ム ヌムルメ ボ ヨ ヨ
군복 너무 늠름해 보여요.

☐ 短髪似合っています。

サクバル チャル オウルリョヨ
삭발 잘 어울려요.

> 💡 **プラスα** 빡빡머리 ッパクッパクモリ＝坊主刈り

☐ 待ってくれて、ありがとうございます。

キ タ リョ ジュショソ カ ム サ ハ ム ニ ダ
기다려 주셔서 감사합니다.

☐ 除隊、おめでとうございます。

チェ デ チュ カ ヘ ヨ
제대 축하해요.

> ⭐ **カルチャー** 韓国人の男性は19歳から約2年間、現役の軍人として訓練を受ける。除隊後8
> 年間は予備役として年に2、3回の訓練がある。それから40歳ぐらいまで民防衛
> として服務する義務がある。

☐ 首を長くして待っていました。

モ ギ ッパジゲ キダリョッソヨ
목이 빠지게 기다렸어요.

> :) **表現** 直訳では「首が抜けるほど待ちました」。

CD・アルバム

歌詞

☐ **君を永遠に愛するよ。**

_{クデルル ヨンウォニ サランヘ}
그대를 영원히 사랑해.

> **文法** 그대 クデ(あなた)は時代劇で使われる言葉で、日常の会話では使わない。詩や歌詞、文章などでは使われる。

☐ **君が好き。**

_{ク デ ガ チョ ア}
그대가 좋아.

☐ **正直に言ってみてよ。**

_{ソルチキ マ レ ボァ}
솔직히 말해 봐.

☐ **君のためなら。**

_{ノルル ウィヘソラミョン}
너를 위해서라면.

> **文法** ~를 위해서 ルルウィヘソ(~のために、~のため)

☐ **何度もあなたを思い出す。**

_{チャック ネ ガ センガンナ}
자꾸 네가 생각나.

> **発音** 「お前、君」は너 ノという。ただ助詞の「が」といっしょに使うときは네가 ネガ(君が)で、내가 ネガ(私が)と同じ発音になるため、会話などでは【니가 ニガ】という。

☐ **私の心にはあなたしかいない。**

_{ネ マム ソゲ ノマン イッソ}
내 맘 속에 너만 있어.

> **文法** ため口の「ぼく、私」は나 ナ。나의 ナエ(私の)を略して내 ネという。

◻ 私の気もちと同じかな?

内 マムグァ カンナヨ
내 맘과 같나요?

◻ 私だけ見てくれる?

ナマン ボァ ジュルレ
나만 봐 줄래?

◻ 泣かないで。

ウルジ マ
울지 마.

💡 プラスα 눈물을 흘리다 ヌンムルル フルリダ＝涙を流す

◻ 私から離れていかないで。

ナル ットナガジ マ
날 떠나가지 마.

💡 プラスα 날 두고 가지 마 ナルトゥゴ カジ マ＝私をおいていかないで

◻ 会いたい。

ボゴ シプタ
보고 싶다.

◻ 君を忘れたことがない。

ノルル イジョ ボン ジョギ オプソ
너를 잊어 본 적이 없어.

◻ お願いだから戻ってきて。

ブタギニッカ トラワ
부탁이니까 돌아와.

📙 文法 ～이니까 イニッカ（～だから）

202

☐ **最近の人気ドラマを教えて。**

チェグン インキ ドゥラマ カルチョ ジュォ
최근 인기 드라마 가르쳐 줘.

> ⭐**カルチャー** 韓国のドラマは2日連続で放送することが多い。月火ドラマ、水木ドラマ、金土ドラマ、土日ドラマがある。

☐ **時代劇が好き。**

サ グ グ ル チョ ア ヘ
사극을 좋아해.

> ⭐**カルチャー** 最近の韓国の時代劇は、老若男女で楽しめるような内容。現代語のセリフをいうのはもちろん、必ずユーモアのある場面が入っている。

☐ **ドロドロしたドラマだね。**

マクチャン ドゥラマ ネ
막장 드라마네.

> ⭐**カルチャー** 朝のドラマにはドロドロしたストーリーが多い。朝の30分間、月曜日から金曜日まで放送している。

☐ **シンデレラストーリーです。**

シンデレルラ ストリイェヨ
신데렐라 스토리예요.

☐ **財閥の御曹司が主役です。**

チェボル サンソクチャドゥリ チュインゴンイエヨ
재벌 상속자들이 주인공이에요.

> 😊 **表現** 상속자들 サンソクチャドゥル(相続者たち)

☐ **ウェブ漫画が原作です。**

ウェプトゥニ ウォンジャギエヨ
웹툰이 원작이에요.

> ⭐**カルチャー** 웹툰 ウェプトゥンは「ウェブ漫画」のことで「web(ウェブ)」と「cartoon(漫画)」の合成語。韓国では漫画本より、ウェブ漫画が圧倒的に人気。

203

☐ 回を重ねるごとにおもしろくなるね。

フェルル　ト　ハルスロク　チェミ　イッソジネ

회를 더할수록 재미있어지네.

> **文法**　～을수록 ウルスロク(～するごとに)

☐ 全何回なの?

チョンブ　ミョッ　トェヤ

전부 몇 회야?

セリフ

☐ 君だけいればいいんだ。

ノ　マン　イッスミョン　トェ

너만 있으면 돼.

☐ もうあなたをはなさない。

イジェ　ノ　アン　ノチョ

이제 너 안 놓쳐.

> **プラスα**　두 번 다시 너 안 놓쳐 トゥボン タシ ノ アン ノッチョ＝二度とあなたをはなさない

☐ いつもそばにいるよ。

ハンサン　ヨ ペ　イッスルケ

항상 옆에 있을게.

> **プラスα**　내가 너 항상 지켜줄게 ネガ ノ ハンサン チキョジュルケ＝ぼくが君をいつも守ってあげるよ

☐ もう別れよう。

ウリ　クマン　ヘオジジャ

우리 그만 헤어지자.

☐ どうかしているよ。

ミ チョッソ
미쳤어?

😊 **表現** 直訳では「狂った?」。ドラマなどのセリフでよく出てくる。

☐ やってられない。

モッ サ ラ
못 살아.

😊 **表現** 直訳では「生きていくことができない」。相手の行動にあきれたとき、うんざりしたとき、恥ずかしいときなどにいう。

☐ おかしいよ。

ムォ チャルモン モ ゴッソ
뭐 잘못 먹었어?

😊 **表現** 直訳では「何かまちがって食べたの?」。「まちがって食べるほど、おかしい」という意味で使われる。

☐ 最悪だわ。

チャム モットェッタ
참 못됐다.

😊 **表現** 못되다 モットェダ は「人の行動や性質が悪い」、「(恨みや悲しみを込めて)最悪だ」という意味で使われる。

☐ そうでしょう。

ネ マ リ
내말이.

😊 **表現** 直訳では「私も同じよ」。「私の話がその話だ」の略語で、相手の言葉に強く同意するときによく使われる。

☐ 本当についてない。

オ ウ ネ パルチャヤ
어우, 내 팔자야.

😊 **表現** 「まったく、私の運勢よ」の意味で、自身の運のなさを嘆くときにいう。

☐ このばかー!

イ パ ボ ヤ
이 바보야!

☐ リアリティ番組が人気です。

リオル イェヌン プロガ インキエヨ
리얼 예능 프로가 인기예요.

> 😊 **表現** 「リアリティ番組」は리얼 버라이어티 リオル ボライオティともいうが、리얼 예능 リ
> オル イェヌン (リアル芸能)ということが多い。

☐ 俳優の新婚生活に密着する番組です。

ベ ウ エ シノン センファルル ミルチャカヌン バンソンイエヨ
배우의 신혼 생활을 밀착하는 방송이에요.

> 🔊 **発音** 「～の」の意味の의は【에 ㅔ】と発音する。

☐ 収録を観覧してみたい。

ノクァ バンソン バンチョンヘ ボ ゴ シプタ
녹화 방송 방청해 보고 싶다.

> 😊 **表現** 「収録」は녹화 방송 ノクァ バンソン (録画放送)という。

☐ いろんな番組に出てますね。

ヨロ プロエ ナオネヨ
여러 프로에 나오네요.

> 😊 **表現** 「番組」は프로그램 プログレム (プログラム)というが、略して프로 プロということ
> が多い。

☐ バラエティ番組からスターが誕生します。

イェヌン プロエソ スタガ タンセンヘヨ
예능 프로에서 스타가 탄생해요.

> ⭐ **カルチャー** バラエティ番組ではゲストに개인기 ケインキ (隠し芸、得意技〈直訳：個人技〉)を
> 求めることが多い。そのためゲストは성대모사 ソンデモサ (ものまね)などを事前
> に準備してくる。

☐ K-POPのスターも出演しています。

ケイパプ スタド チュリョナゴ イッソヨ
케이팝 스타도 출연하고 있어요.

> ⭐ **カルチャー** 韓国のアイドルには、芸人顔負けでバラエティ番組を盛り上げることが上手な
> 예능돌 イェヌンドル (芸能ドル〈芸能アイドルの略語〉)、多方面で活躍する만능돌
> マンヌンドル (万能ドル〈万能アイドルの略語〉)が増えている。

THEME 24 スポーツ・アート

トレーニング・ダイエット

音声 2 -15

☐ **毎朝、走っています。**

メイル　アチム　トィオヨ
매일 아침 뛰어요.

😊 **表現**　「走る」には뛰다 ットィダ、달리다 タルリダ、조깅하다 チョギンハダ（ジョギングする）がある。

☐ **スポーツは苦手です。**

ウンドンウン　チャル　モ　テ　ヨ
운동은 잘 못해요.

💡 **プラスα**　「運動ができない人」を몸치 モムチ（体音痴）という。

☐ **ヨガなら毎日できそう。**

ヨガラミョン　メイル　ハル　ス　イッソ
요가라면 매일 할 수 있어.

☐ **スポーツジムに入会しました。**

ヘルスジャンエ　カイ　ヘッソヨ
헬스장에 가입했어요.

😊 **表現**　「スポーツジム」は헬스장 ヘルスジャン（health場）という。

☐ **おなかまわりを引き締めたい。**

ペッサルル　ッペゴ　シポ
뱃살을 빼고 싶어.

💡 **プラスα**　뱃살 ペッサル＝おなかの肉。허벅지살 ホボクチサル＝太ももの肉
팔뚝살 パルットクサル＝二の腕の肉

☐ **筋肉痛になっちゃった。**

クニュクトンイ　ワッソ
근육통이 왔어.

207

□ 今日は1キロ泳いだよ。

オヌルン イル キロ スヨンヘッソ
오늘은 일 키로 수영했어.

□ 目標は5キロやせること。

モクピョヌン オ キロ ッペヌン ゴ
목표는 오 키로 빼는 거.

□ 体脂肪率20パーセントを目指してます。

チェジバンニュル イシプ ホセントゥルル モクピョロ ハゴ イッソヨ
체지방률 이십 퍼센트를 목표로 하고 있어요.

□ なかなかやせないよ。

チョムチョロム サリ アン ッパジョ
좀처럼 살이 안 빠져.

😊 **表現** 살이 빠지다 サリッパジダ (肉が取れる)は「自然にやせる」という意味。
살을 빼다 サルルッペタ (肉を取る)は「運動などをしてやせる」という意味。

□ 食事を抜くのは体に悪いよ。

シッサルル コルヌン ゴン モメ アン チョア
식사를 거르는 건 몸에 안 좋아.

💡 **プラスα** 「食事制限」は식이요법 シギヨポプ (食事療法)という。

□ リバウンドしちゃった。

ヨヨヒョンサンイ ワッタ
요요현상이 왔다.

😊 **表現** 「リバウンド」は요요현상 ヨヨヒョンサン (ヨーヨー現象)という。おもちゃの요요 ヨヨ (ヨーヨー)が上下に行ったり来たりする様子から、ダイエットのリバウンドの意味を持つ。

□ 筋トレがんばっていますよ。

ヨルシミ モム マンドゥルゴ イッソヨ
열심히 몸 만들고 있어요.

😊 **表現** 直訳では「一生懸命、体を作っています」。

208

☐ **いけいけー！**

チャランダ ジャランダ
잘한다잘한다!

🙂 **表現** 「いけ」は가 カ だが、スポーツの応援フレーズでは잘한다 チャランダ（よくやっている）という。

☐ **攻めろー！**

コンギョケ
공격해!

☐ **がんばって！**

ヒムネ
힘내!

💡 **プラスα** 「がんばって」以外に、チームスポーツの応援フレーズで必ず出てくるのが대한민국 テハンミングッ（大韓民国）である。

☐ **ホームランだ！**

ホムロン
홈런!

💡 **プラスα** 끝내기 홈런 ックンネギ ホムロン＝サヨナラホームラン。만루 홈런 マルル ホムロン＝満塁ホームラン。연타석 홈런 ヨンタソク ホムロン＝二打席連続ホームラン

☐ **ナイスシュート！**

シュッ コリン
슛 골인!

🙂 **表現** 直訳では「シュートゴール」。

☐ **あの選手が大好きなの。**

チョ ソンス チョアヘ
저 선수 좋아해.

ス
ポ
丨
ツ
観
戦

☐ どっちが優勢?

어느 쪽이 유리해?
オ ヌ ッチョギ ユ リ へ

☐ 接戦ですね。

박빙이네요.
パク ビン イ ネ ヨ

> 表現 「接戦」は박빙 パクビン(薄氷)という。似た意味で막상막하 マクサンマカ(直訳: 莫上莫下〈五分五分の意味〉)もある。

☐ 誤審じゃない!?

오판 아니야!?
オ パン ア ニ ヤ

> プラスα 심판 シムパン=審判

☐ 反則だよ。

반칙이야.
ハン チ ギ ヤ

☐ 逆転した。

역전했다.
ヨク チョ ネッ タ

☐ 勝った!

이겼다!
イ ギョッ タ

> プラスα 승리 スンニ=勝利。패배 ペペ=敗北。무승부 ムスンブ=引き分け

☐ いい試合だったね。

좋은 시합이었어.
チョウン シ ハ ビ オッ ソ

○ 惜しかった。

안타깝다.
<ruby>안<rt>アン</rt></ruby><ruby>타<rt>タッ</rt></ruby><ruby>깝<rt>カ</rt></ruby><ruby>다<rt>プタ</rt></ruby>

💡 **プラスα** 8강 パルガン=ベスト8。4강 サガン=ベスト4

美術館・博物館

音声 ② -17

○ 日本語の音声ガイドはありますか?

일본어 음성가이드가 있어요?
イルボノ ウムソンガイドゥガ イッソヨ

⭐ **カルチャー** 韓国の박물관 パンムルグァン(博物館)と미술관 ミスルグァン(美術館)には、日本語の音声ガイドがあるところが多い。

美術館・博物館

○ 韓国の有名な画家です。

한국의 유명한 화가예요.
ハングゲ ユミョンハン ファガイェヨ

○ 現代美術が中心ですね。

현대 미술이 중심이네요.
ヒョンデ ミスリ チュンシミネヨ

💡 **プラスα** 현대 미술 ヒョンデ ミスル=現代美術。근대 미술 クンデ ミスル=近代美術

○ あの作品が気に入った。

저 작품이 마음에 들어.
チョ チャクプミ マウメ トゥロ

😊 **表現** 마음에 들다 マウメトゥルダ(気に入る)

○ 写真を撮ってもいいですか?

사진 찍어도 돼요?
サジン ッチゴド トェヨ

211

☐ 迫力のある作品だね。

バンニョ ギンヌン チャクプミネ
박력 있는 작품이네.

🔊 発音 　박력(迫力)は【방녁 パンニョク】と発音する。

☐ 出口はどこですか?

チュルグガ オディイエヨ
출구가 어디예요?

💡 プラスα 　출구 チュルグ＝出口。입구 イック＝入口

☐ ミュージアムショップによりたい。

ミュジオムショペ トゥルルコ シポ
뮤지엄숍에 들르고 싶어.

📝 文法 　「〜による」は〜에 들르다 エ トゥルルダという。

カメラ

音声 2 -18

☐ 趣味は写真です。

チュィミヌン サ ジ ニ エ ヨ
취미는 사진이에요.

💡 プラスα 　사진 찍기 サジン ッチクキ＝写真を撮ること

☐ インスタ映えのするフィルターだよ。

インスタバル チャル パンヌン ピルトヤ
인스타발 잘 받는 필터야.

🔊 発音 　발 パルは「映り、映え」の意味で、強く【빨 ッパル】と発音することが多い。사진발 サジンパル(写真映え)、화면발 ファミョンパル(テレビ映り)、조명발 チョミョンパル (証明映り)などと使う。

☐ このカメラアプリいいよ。

イ カメラ エプ チョア
이 카메라 앱 좋아.

💬 表現 　애플리케이션 エプルリケイション(アプリケーション)を略して앱 エプという。

212

☐ セルカ棒で撮ろう！

셀카봉으로 찍자!
セルカボンウロ ッチクチャ

> 💬 **表現** 셀카 セルカは셀프카메라 (self camera)の略語。질 ジル(行動・行為)の単語といっしょに使って、셀카질 セルカジル(自分撮り)ともいう。

☐ 南大門に中古カメラ屋さんが多いよ。

남대문에 중고 카메라 가게가 많아.
ナムデムネ チュンゴ カメラ カゲガ マナ

☐ 認証ショットを撮ってSNSに載せよう。

인증 샷 찍어서 SNS에 올리자.
インジュンシャッ ッチゴソ エスエンエスエ オルリジャ

> ⭐ **カルチャー** 韓国では選挙など国の大事なイベントや行事に인증샷 インジュンシャッ(認証ショット)を撮ってSNSに載せる芸能人や著名人が多い。

読書

音声 2 -19

☐ 韓国のベストセラーです。

한국 베스트 셀러예요.
ハングゥ ベストゥ セルロイェヨ

> ⭐ **カルチャー** 韓国では小説よりは에세이 エセイ(エッセイ)や자기계발서 チャギゲバルソ(自己啓発書)が人気。

☐ 今、人気の作家です。

지금 인기 있는 작가예요.
チグム インキ インヌン チャクカイェヨ

☐ ネット小説から火がつきました。

웹소설에서 뜨거운 화제를 모았어요.
ウェッソソレソ ットゥゴウン ファジェルル モアッソヨ

> 💬 **表現** 直訳では「ウェブ小説で熱い話題を集めた」。

213

☐ 日本の小説も人気です。

イルボン ソソルド インキイェヨ

일본 소설도 인기예요.

カルチャー 日本の小説も韓国では大人気。무라카미 하루키(村上春樹)、히가시노 게이고(東野圭吾)は韓国でも有名。

☐ ミステリー小説をよく読みます。

チュリ ソソルル チャジュ イルゴヨ

추리 소설을 자주 읽어요.

☺ **表現** 「ミステリー小説」は추리 소설 チュリ ソソル(推理小説)

☐ 小説より漫画が好き。

ソソルボダ マノァルル チョアヘ

소설보다 만화를 좋아해.

カルチャー 日本では電車の中で漫画を読んでいる大人を見かけるが、韓国では本の漫画は子どもが読むイメージ。ウェブ漫画は大人にも人気がある。

☐ 本を読んでいると眠くなる……。

チェグル イルグミョン ジョルリョ

책을 읽으면 졸려...

☐ 地下鉄の中で読書します。

チハチョ ラ ネ ソ トクソルル ヘ ヨ

지하철 안에서 독서를 해요.

☐ 最近読むのは電子書籍ばっかりだよ。

チェグン インヌン コスン チョンジャチェクパッケ オ プ ソ

최근 읽는 것은 전자책밖에 없어.

☐ 月1回は必ず雑誌を買います。

ハン ド レ ハン ボヌン ッコッ チャプチルル サ ヨ

한 달에 한 번은 꼭 잡지를 사요.

214

カラオケ

☐ 二次会はカラオケに行こう！

イ　チャヌン　ノ レ バン エ　カ ジャ
이 차는 노래방에 가자!

> ★カルチャー 韓国のカラオケである노래방 ノレバン(歌部屋)では、食べ物は売っていない。そのため食事をしてから二次会で行くのが定番。

☐ 1時間いくらですか？

ハン　シ ガ ネ　オ ル マ イ エ ヨ
한 시간에 얼마예요?

☐ 日本の歌もあるよ。

イルボン　ノ レ ド　イッ ソ
일본 노래도 있어.

☐ リモコンの使い方を教えてください。

リ モ コン　サ ヨン　パン ポ ブ ル　カ ル チョ　ジュ セ ヨ
리모컨 사용 방법을 가르쳐 주세요.

> 💡プラスα 예약 イェヤゥ=予約。시작 シジャゥ=スタート。취소 チュィソ=キャンセル。간주점프 カンジュジョムプ=間奏をとばす

☐ マイクの音が出ません。

マ イ ク　ソ リ ガ　アン　ナ ワ ヨ
마이크 소리가 안 나와요.

☐ 最後の歌は何いれる？

マ ジ マゥ　ノ レ ヌン　ムォ ノ ウルッカ
마지막 노래는 뭐 넣을까?

カラオケ

☐ 終了時間です。

チョンニョ　シ　ガ　ニ　エ　ヨ
종료 시간이에요.

⭐ カルチャー 韓国のカラオケボックスは、終了時間になったら画面が勝手に切り替わり、操作できなくなることが多い。

☐ 延長お願いします。

ヨンジャン　ブ　タ　カ　ム　ニ　ダ
연장 부탁합니다.

⭐ カルチャー 混み具合いによってだが、10分から30分ぐらい無料で延長サービスしてくれることも多い。

☐ 喉がかれちゃった！

モ　ギ　シュィオッソ
목이 쉬었어!

⭐ カルチャー 韓国の子どもから大人まで利用できる一般的なカラオケは、お酒は販売禁止になっている。飲み物は自動販売機や受付でソフトドリンク（カン・ペットボトル）を購入する。

☐ 叫びすぎたよ。

ノ　ム　ソ　リ　チルロッソ
너무 소리 질렀어.

😊 表現 「叫ぶ」には大声を出す 소리 지르다 ソリ チルダと、声を張り上げて相手に何かを要求する 외치다 ウェチダがある。

クラブ

音声
2 -21

☐ ソウルで人気のクラブってどこかな？

ソ　ウ　レ　ソ　インキ　インヌン　クルロブン　オディジ
서울에서 인기 있는 클럽은 어디지?

⭐ カルチャー ソウルでは弘大エリアのクラブは20代が多くて低料金。江南エリアは20〜30代が多く料金は高い。梨泰院エリアは20〜40代までと年齢層が幅広く、場所によって料金が異なる。

☐ 今日のイベントは何？

オ　ヌル　イベントゥヌン　ムォヤ
오늘 이벤트는 뭐야?

☐ 年齢制限はありますか？

ヨルリョン ジェハン イッソヨ
연령 제한 있어요?

⭐カルチャー 韓国のクラブでは年齢はもちろん、服装の規定も厳しい。

☐ 18歳以上なら大丈夫。

シプパル セイサンイミョン クェンチャナ
십팔 세이상이면 괜찮아.

⚠ 注意 入場時に必ず身分証明書の確認があるので、パスポートを持っていくことが必須。

☐ 踊ろうよ！

チュム チュジャ
춤 추자!

⭐カルチャー 男性は目当ての女性がいたら、声をかける前に背後から부비부비 ブビブビ (男女が体を密着させて踊るダンス)をしながらアプローチをする。

☐ 私は見ているだけでいいよ。

ナン ボギマン ハルレ
난 보기만 할래.

クラブ

☐ 飲み物とってくるね。

ウムニョ カジゴ オルケ
음료 가지고 올게.

⭐カルチャー 入場料を支払う際に、ドリンクが無料になるチケットを渡される場合があるので、なくさないようにしよう。

☐ あのDJ誰？

チョ ディジェイ ヌグヤ
저 D J 누구야?

☐ 曲のセレクトがいいね。

コッ ソンテギ タクォラネ
곡 선택이 탁월하네.

217

☐ あの男の子、かっこいい！

チョ ナムジャ モ シッタ
저 남자 멋있다!

☐ もう朝だよ……。

ボルッソ ア チ ミ ヤ
벌써 아침이야...

💡 プラスα 밤을 샜네 パムル センネ＝夜明けがきたね、徹夜したね

ゲーム

音声2 -22

☐ 韓国ではRPGが人気です。

ハング ゲ ソ ヌン アルビジガ インキイェヨ
한국에서는 RPG가 인기예요.

⭐ カルチャー 日本のゲームは韓国で大人気。ゲームで日本語を勉強する若者も多い。

☐ オンラインゲームが楽しいよね。

オルライン ケ イ ミ チェ ミ イッソ
온라인 게임이 재미있어.

🔊 発音 온라인(オンライン)は【올라인 オルライン】と発音する。

☐ 課金システムです。

キョルチェ シ ス テ ミ エ ヨ
결제 시스템이에요.

😊 表現 결제 시스템 キョルチェ システム(決済システム)

☐ 新シリーズが出ました。

シン シ リ ジュ ガ ナ ワッ ソ ヨ
신시리즈가 나왔어요.

218

☐ 徹夜でゲームしちゃった。

バムル セウォソ ケイメッソ
밤을 새워서 게임했어.

😊 **表現** 밤을 새우다 バムル セウダ (夜を明かす、徹夜をする)

☐ 攻略法を教えて！

コンニャクポブル カルチョ ジュオ
공략법을 가르쳐 줘!

☐ どうしてもクリアできない。

アムリヘド クルリオガ アンドェンダ
아무리해도 클리어가 안된다.

💡 **プラスα** 「クリアできない」は클리어 안된다 クルリオ アンドェンダ。または「割る、壊す、破る」の意味を使い、안 깨진다 アン ッケジンダ (破れない)ともいう。

☐ やっとクリアした！

キョウ クルリオ ヘッタ
겨우 클리어 했다!

💡 **プラスα** 겨우 깼다 キョウ ッケッタ (やっと破った)ともいう。

ゲーム／ギャンブル

ギャンブル

☐ カジノはホテルの中にあるよ。

カジノヌン ホテル アネ イッソ
카지노는 호텔 안에 있어.

⭐ **カルチャー** 韓国では1990年からカジノが普及しはじめ、今は外国人専用のカジノが16カ所ぐらいある。

☐ ドレスコードはありますか？

トゥレス コドゥガ イッソヨ
드레스 코드가 있어요?

⭐ **カルチャー** 韓国はドレスコードについてはさほど厳しくないが、露出が多すぎるカジュアルな服装だと、場合によっては入れないところもある。

219

☐ スロットゲームをやりたい。

スルロッケイムル　ハ　ゴ　シ　ポ
슬롯게임을 하고 싶어.

💡 **プラスα** スロットゲーム以外にも바카라 バカラ (バカラ)、룰렛 ルルレッ (ルーレット)、잭팟 チェクパッ (ジャックポット)がある。

☐ 1回のかけ金はいくらからですか？

ハン　ケイム　タン　ハントニ　オルマプトイェヨ
한 게임 당 판돈이 얼마부터예요?

☐ ビギナーズラックだね！

チョボジャエ　ヘンウニネ
초보자의 행운이네!

😊 **表現** 초보자의 행운 チョボジャエ ヘンウン (初心者の幸運)

☐ 今日はここまでにしよう。

オ ヌルン　ヨ ギッカジマン　ハ ジャ
오늘은 여기까지만 하자.

☐ 一か八かだよ。

モ　アニミョン　ド ヤ
모 아니면 도야.

⭐ **カルチャー** 直訳「5か1かだよ」の意味を持つユンノリというゲームが由来。4つの棒を投げて表か裏がいくつ出るかによってコマをいくつ進めるかが決まるゲーム。モは5つ、トは1つ進むことができる。

☐ 全部かけます。

チョンブ　コルゲッソヨ
전부 걸겠어요.

💡 **プラスα** 빈털터리예요 ピントルトリイェヨ＝すっからかんです

☐ 大儲けしました。

ク ゲ　ト ヌル　ッタッソヨ
크게 돈을 땄어요.

😊 **表現** 「儲ける」は벌다 ポルタもあるが、賭博の場合は따다 ッタダ (とる) という。

CHAPTER 6

恋愛・人生

恋愛

出会い

 音声 2 -24

☐ **感じのいい人だね。**

ヌッキミ チョウン サラ ミ ネ
느낌이 좋은 사람이네.

😊 **表現** 느낌 ヌッキム（感じ）。느끼다 ヌッキダ（感じる）

☐ **また会いたいな。**

ット マン ナ ゴ シ ポ
또 만나고 싶어.

☐ **彼女はいるのかな?**

ヨ ジャ チング イッスルッカ
여자친구 있을까?

💬 **文法** 「彼女」の그녀 クニョは小説や歌詞などでは使われるが、話し言葉では使わない。ここでの「彼女」は여자친구（女友だち）で表わしている。

☐ **年下でも全然気にしません。**

ヨ ナ ド チョニョ シンギョン アン ッソヨ
연하도 전혀 신경 안 써요.

⭐ **カルチャー** 以前は、年上の男子と付き合う女子が多かったが、最近は年下の男子と付き合う女子も多い。

☐ **彼氏いない歴3年です。**

ナムジャ チン グ ガ オ プ スン ジ サム ニョン ドェッ ソヨ
남자친구가 없은지 삼 년 됐어요.

💬 **文法** 「彼」의그녀 クニョは小説や歌詞などでは使われるが、話し言葉では使わない。ここでの「彼」は남자친구（男友だち）で表わしている。

☐ **どこに住んでいるの?**

オ ディ エ サ ラ
어디에 살아?

💡 **プラスα** 집이 어디예요? チビ オディィェヨ＝家はどこですか?

☐ **連絡先を教えてください。**

ヨルラクチョルル　カルチョ　ジュセヨ
연락처를 가르쳐 주세요.

> 💡 **プラスα** 「教えてください」の代わりに알려 주세요 アルリョ ジュセヨ(知らせてください)と
> いうこともある。

☐ **今度はふたりで会いましょう。**

タウメヌン　トゥリソ　マンナヨ
다음에는 둘이서 만나요.

☐ **一目惚れです。**

チョンヌネ　パネッソヨ
첫눈에 반했어요.

> 📖 **文法** 첫눈 チョンヌンは「初印象、初雪」の意味。에 반하다 エ パナダ(に惚れる)といっ
> しょに使うと、「一目惚れする」の意味になる。

☐ **すっごく好みのタイプ。**

オムチョン　チョアハヌン　タイビヤ
엄청 좋아하는 타입이야.

> 💡 **プラスα** 「好みのタイプ」は좋아하는 타입 チョアハヌン タイブ(好きなタイプ)という。「好
> む」は선호하다 ソノハダともいう。

☐ **彼は私の理想のタイプだわ。**

ク　ナムジャヌン　ネ　イサンヒョンイヤ
그 남자는 내 이상형이야.

☐ **胸がドキドキする。**

カ ス ミ　トゥグントゥグンゴリョ
가슴이 두근두근거려.

223

☐ **好きになっちゃったかも。**

チョアジン　ゴ　ガ　タ
좋아진 거 같아.

☐ **会いたくてたまらない。**

ポ　ゴ　　シ　ポ　　ジュクケッソ
보고 싶어 죽겠어.

> **文法** 어 죽겠다 オ ジュックッタは直訳だと「～死にそう」。「～でたまらない」の意味で
> 使う。

☐ **ずっといっしょにいたい。**

ケソッ　カ　チ　イッコ　シ　ポ
계속 같이 있고 싶어.

> 😊 **表現** 계속 ケソッ(ずっと、継続して)

☐ **きゅんきゅんする。**

シムクンヘ
심쿵해.

> 😊 **表現** 심장이 쿵쾅쿵쾅하다 シムジャンイ クンクァンクンクァンハダ(心臓がドキドキする)
> の略語で、胸キュン(ドキッと)したときに使う。

☐ **ぼくのことどう思っているのかな?**

ナ　ル　オットッケ　センガカルッカ
나를 어떻게 생각할까?

☐ **彼と付き合いたい!**

ク　ナムジャラン　サグィゴ　シ　ポ
그 남자랑 사귀고 싶어!

> 😊 **表現** 三人称「彼」の韓国語である그 クは歌詞や小説、詩以外では使わない。話すと
> きは「彼」を그 남자 ク ナムジャ(その男)という。

☐ **告白する勇気が出ない。**

コ　ベカル　ヨンギガ　アン　ナ
고백할 용기가 안 나.

> 💡 **プラスα** 짝사랑으로 충분해 ッチャクサランウロ チュンブネ=片思いでいい

224

☐ **私のこと、好きならいいのに。**

ナルル チョアハミョン ジョケンヌンデ

나를 좋아하면 좋겠는데.

⭐**カルチャー** 異性間で、まだ付き合う段階ではないが、付き合ってもいいぐらいの微妙な関係を썸 ッソムという。썸을 타다 ッソムル タダ は「付き合う前の微妙な関係にいること」を表わす。

☐ **俺のものにしたい。**

ノル カジゴ シポ

널 가지고 싶어.

😊 **表現** 「もの」は것 コッというが、「もの」の意味を指すので、人には使わない。韓国語で「私のものにしたい」の言い方は「君を求めている、君が欲しい」という。

☐ **好きすぎて嫌い。**

ノム チョアヘソ シロ

너무 좋아해서 싫어.

😊 **文法** 너무 ~ 하다 ノム~ハダ（~すぎる）

☐ **付き合ってください。**

サグィオ ジュセヨ

사귀어 주세요.

💡**プラスα** 告白の表現には나한테 올래? ナハンテ オルレ＝俺のもとに来るか？。
너한테 가도 돼? ノハンテ カド ドェ＝あなたを好きになってもいい？（直訳：あなたのもとに行ってもいい？）がある。

いろんなきもち

いろんな気もち

音声
2
-26

☐ **遠距離恋愛は自信ない……。**

チャンゴリ ヨネヌン チャシニ オッソ

장거리 연애는 자신이 없어...

😊 **表現** 장거리 연애 チャンゴリ ヨネ（遠距離恋愛〈直訳：長距離恋愛〉）

☐ **彼、すごくモテそうだよね。**

ク ナムジャ オムチョン インキ マヌル ゴ ガタ

그 남자 엄청 인기 많을 거 같아.

😊 **表現** 인기가 많다 インキガ マンタ（モテる〈直訳：人気が多い〉）

225

☐ チャラい！

선수 같아!
_{ソンス ガタ}

😊 **表現** 선수 같다 ソンス ガタ（チャラい〈直訳：選手みたい、遊び人みたい〉）

☐ 私、実は面食いなんだよね。

나 실은 얼굴 보는 편이야.
_{ナ シルン オルグル ボヌン ビョニヤ}

😊 **表現** 얼굴 보는 편이다 オルグル ボヌン ビョニタ（面食い〈直訳：顔を見るほうだ〉）

☐ 今は恋愛の気分じゃない。

지금은 연애할 기분이 아니야.
_{チグムン ヨネハル ギブニ アニヨ}

☐ 友だちのままでいるほうがいい気がする。

친구로 있는 게 더 좋은 거 같아.
_{チングロ インヌン ゲ ト チョウン ゴ ガタ}

💡 **プラスα** 女友だちの略語で여사친 ヨサチン（女友）、男友だちの略語で남사친 ナムサチン（男友）もある。

☐ ほかに気になっている人がいるんだ。

따로 관심 있는 사람이 있어.
_{ッタロ クァンシ ミンヌン サラミ イッソ}

💡 **プラスα** 애인이 있어요 エイニ イッソヨ＝恋人がいます

☐ 結婚は考えられないよ。

결혼은 있을 수 없어.
_{キョロヌン イッスル ス オプソ}

💡 **プラスα** 結婚を断るときには、친한 오빠(누나) 동생으로 지내고 싶어 チナン オッパ（ヌナ）トンセンウロ チネゴ シポ（仲の良い友だち〈直訳：兄(姉)と弟(妹)〉）の関係でいたい）のような表現もある。

☐ ちょっとした遊びのつもりだったんだ。

그냥 좀 논 거 뿐이야.
_{クニャン チョム ノン ゴ ップニヤ}

☐ もっと背が高い人がいいんだけど。

チョム ト キ ガ クン サ ラ ミ チョウンテ
좀 더 키가 큰 사람이 좋은데.

💡 **プラスα** 키가 작은 사람 キガ チャグン サラム＝背が低い人

☐ 気もちはうれしいけれど……。

マ ウ ムン キップ ジ マン
마음은 기쁘지만...

☐ うっとおしいな。

ソ ン ガ シ ネ
성가시네.

💡 **プラスα** 나 좀 내버려 둬 ナ チョム ネボリョ ドォ＝私(俺)をほっといてくれ

デート① 音声 2 -27

☐ 待った?

キ タ リ ョッ ソ
기다렸어?

😊 **表現** 기다리다 キダリダ(待つ)。기다렸어요 キダリョッソヨ(待ちました)。기다렸어 キダリョッソ(待った)

☐ 今来たところ。

チ グ ム ワッ ソ
지금 왔어.

☐ 遅れちゃってごめんね。

ヌ ジョ ソ ミ ア ネ
늦어서 미안해.

😊 **表現** 늦다 ヌッタ(遅れる)

☐ 今どこ?

지금 어디야?
_{チグム オディヤ}

☐ もうすぐ着くよ。

이제 곧 도착해.
_{イジェ コッ トチャケ}

☐ あと5分！

앞으로 오 분!
_{アプロ オ プン}

☐ 今日の君もかわいいね。

너 오늘도 귀엽다.
_{ノ オヌルド クィヨプタ}

💡 プラスα 韓国では女性にかわいいよりは예쁘다 イェップダ (きれい)ということが多い。

☐ 髪型変えた?

머리 스타일 바꼈어?
_{モリ スタイル パックォッソ}

😊 表現 바꾸다 パックダ (変える)。바꼈어요 パックォッソヨ (変えました)。바꼈어 パックォッソ (変えた)

☐ そのワンピース、似合ってるね。

그 원피스 잘 어울리네.
_{ク ウォンピス チャル オウルリネ}

☐ 人ごみにいても、あなたのことはすぐわかったよ。

많은 사람들 속에 있어도 너 바로 알아봤어.
_{マヌン サラムドゥル ソゲ イッソド ノ バロ アラボァッソ}

😊 表現 알아보다 アラボダ (わかる〈直訳:見分ける〉)。알아봤어 アラボァッソ (わかった〈直訳:見分けた〉)

228

☐ 水族館へ行きたい。

スジョククァネ　カゴ　シポ
수족관에 가고 싶어.

💡 プラスα 動物園 トンムロォン＝動物園。映画館 ヨンファグァン＝映画館。美術館 ミスル
グァン＝美術館

☐ 送っていくよ。

テ リョダ　ジュルケ
데려다 줄게.

💡 プラスα 同じ意味で바래다 줄게 パレダ ジュルケ（送っていくよ）も使う。

☐ また会ってくれる?

ット　マンナ　ジュルレ
또 만나 줄래?

☐ 家に着いたら連絡して。

チ ベ　トチャカミョン ヨルラク ジュオ
집에 도착하면 연락 줘.

⭐ カルチャー 韓国ではよっぽどの理由がない限り、男性は女性を家まで送るのがマナー。

☐ 今日は泊まれる?

オ ヌルン　チャゴ ガル ス イッソ
오늘은 자고 갈 수 있어?

💡 プラスα ほかの誘い文句では라면 먹고 갈래? ラミョン モッコ ガルレ（〈家で〉ラーメン食べ
る?）もよく使う。

☐ まだ帰りたくないな。

アジク　トラガギ　シロ
아직 돌아가기 싫어.

💡 プラスα 「もっといっしょにいたい」の意味で헤어지기 싫어 ヘオジギ シロ（離れたくない）
ともいう。

☐ キスしていい?

キ ス ヘ ド　ドェ
키스해도 돼?

💡 プラスα 키스하다 キスハダ＝キスする。뽀뽀하다 ッポッポハダ＝チューする

229

なりきりミニ会話

□ どこか行きたいところある?

オディ　カゴ　シブン　デ　イッツ
어디 가고 싶은 데 있어?

トンハ

ユミ

□ あなたといっしょならどこでもいいよ。

チャ ギ ハ ゴ　カチラミョン　オディドゥン　チョア
자기하고 같이라면 어디든 좋아.

□ じゃあ今日は俺に任せて。

クロム　オヌルン　ナ ハンテ　マッキョ
그럼 오늘은 나한테 맡겨.

トンハ

ユミ

□ うん、楽しみ!

ウン　キ テ ド ェン ダ
응, 기대된다!

□ 行こうか。

カ ジャ
가자.

トンハ

☐ ひとりですか?

ホンジャセヨ
혼자세요?

> ★カルチャー 韓国語では「おひとりですか?」とていねいな表現で声をかけるのが常識。初対面で、いきなりため口で話すのは失礼なので注意しよう。

☐ 隣に座ってもいい?

ヨ ヘ アンジャド ドェヨ
옆에 앉아도 돼요?

> ☺ 表現 直訳では「隣に座ってもいいですか?」。

☐ 一杯おごるよ。

ハンジャン サルケヨ
한잔 살게요.

> ☺ 表現 直訳では「一杯おごりますね、一杯買いますね」。

☐ 友だちを待ってるところです。

チング キダリヌン ジュンイエヨ
친구 기다리는 중이에요.

☐ 今、時間がないんで。

チグム シガニ オプソソ
지금 시간이 없어서.

> 💡プラスα 지금 바빠서 チグム パッパソ＝今、忙しいんで

☐ 私、彼氏いますよ。

チョ ナムジャチング イッソヨ
저 남자친구 있어요.

☐ ほっといてください。

내버려 두세요.
ネボリョ ドゥセヨ

🙂 **表現** 내버려 두다 ネボリョドゥダ（ほうっておく）

☐ ひとりにしておいて。

혼자 두세요.
ホンジャ ドゥセヨ

☐ もう帰るところだから。

이제 돌아가려는 길이에요.
イジェ トラガリョヌン キリエヨ

🙂 **文法** ～려는 길 リョヌン キル（～するところ〈直訳：～しようとする道〉）

☐ けっこうです。

됐어요.
トェッソヨ

☐ 今日は泊まっていこうよ。

오늘 자고 가자.
オヌル チャゴ ガジャ

🙂 **表現** 자다 チャダは「寝る」の意味だが、「泊まる」の意味として使われることもある。

☐ シャワーあびてきてもいい?

샤워하고 와도 돼?
シャウォハゴ ワド ドェ

🙂 **表現** 샤워하다 シャウォハダ（シャワーをあびる）

☐ はじめてなの。

처음이야.
_{チョウミヤ}

☐ 優しくしてね。

살살해 줘.
_{サルサレ ジュォ}

> 💡 プラスα 좀 더 천천히 해 줘 チョム ド チョンチョニ ヘ ジュォ=もっとゆっくりして

☐ ちょっとこわい。

좀 무서워.
_{チョム ムソウォ}

☐ 痛い！

아파!
_{ア パ}

> 💡 プラスα 反対によかったときは너무 좋았어 ノム チョアッソ (すごくよかった)という。

☐ ちゃんと避妊して！

제대로 피임해!
_{チェデロ ビイメ}

> 💡 プラスα 콘돔 사용해 コンドム サヨンヘ=コンドーム使って

☐ 今、生理中なの。

지금 생리중이야.
_{チグム センニジュンイヤ}

> 💡 プラスα 생리대 センニテ=ナプキン(直訳:生理帯)

☐ 今日、危険日かも。

오늘 위험한 날이야.
_{オヌル ウィホマン ナリヤ}

> 💡 プラスα 오늘은 무리야 オヌルン ムリヤ=今日は無理なの

☐ なんで私の気もちをわかってくれないの?

ウェ ネ マウムル モルラ ジュヌン ゴ ヤ
왜 내 마음을 몰라 주는 거야?

☐ いつも同じことの繰り返しだね。

ハンサン カトゥン ゲ パンボクドェネ
항상 같은 게 반복되네.

☐ もう顔も見たくない!

トイサン ッコルボギ シ ロ
더이상 꼴보기 싫어!

😊 **表現** 꼴보기 싫다 ッコルボギ シルタ (顔も見たくない、顔見るのも嫌だ、大嫌いだ)

☐ 謝っても許さない!

サ グァヘ ド ヨンソ ア ナル コ ヤ
사과해도 용서 안 할 거야!

💡 **プラスα** 소용없어 ソヨンオッソ=しかたがない、しょうがない

☐ ばか!

バ ボ
바보!

☐ 腹立つ!

ファ ナ
화나!

💡 **プラスα** 짜증나 ッチャジュンナ=むかつく

☐ 元カノと比べないでよ！

チョン　ヨジャチングハゴ　ヒギョハジ　マ
전　여자친구하고 비교하지 마!

🗣 **文法**　～지 마 ジ マ（～しないで）。～지 마세요 ジ マセヨ（～しないでください）

☐ 二股なんて、最低！

ヤン　ダ リ ラ ニ　チェアギャ
양다리라니 최악이야!

💡 **プラスα**　양다리 걸치다 ヤンダリ コルチダ＝二股をかける

☐ 言いすぎちゃってごめんね。

シ マ ゲ　マ レ ソ　ミ ア ネ
심하게 말해서 미안해.

😊 **表現**　심하게 말하다 シマゲ マラダ（言いすぎる〈直訳：ひどく話す〉）

☐ お互いさまでしょ。

ヒ チャ イ ル バ ニ ヤ
피차일반이야.

😊 **表現**　피차일반 ピチャイルバン（お互いさま）

☐ 今回は許してあげる。

イ ボ ヌ ン　ヨンソヘ　ジュルケ
이번에는 용서해 줄게.

☐ 俺が悪かったよ。

ネ ガ　ナッバッソ
내가 나빴어.

💡 **プラスα**　화해하자 ファヘハジャ＝仲直りしよう

☐ もう怒らないで。

イ ジェ　ファネジ　マ
이제 화내지 마.

235

□ もう終わりにしましょう。

イジェ クンネヨ
이제 끝내요.

> **プラスα** 더이상 만나고 싶지 않아요 トイサン マンナゴ シッチ アナヨ＝これ以上会いたくないです

□ 君とは合わないみたい。

ノ ハ ゴ ヌン アン マンヌン ゴ ガ タ
너하고는 안 맞는 거 같아.

> **プラスα** 우린 너무 달라 ウリン ノム タルラ＝私たち、あまりにも違う

□ もう電話してこないで。

イジェ チョノァハジ マ
이제 전화하지 마.

□ もう君を愛してない！

イジェ ノルル サランハジ アナ
이제 너를 사랑하지 않아!

□ 別れましょう。

ヘ オ ジョ ヨ
헤어져요.

> **プラスα** 그만 만나요 クマン マンナヨ＝会うのはやめましょう

□ しばらく距離を置かない。

タンブンガン コ リ ル ル ドゥジャ
당분간 거리를 두자.

◯ 友だちのほうがいいんだよ。

친구로 지내는 게 더 좋아.
チングロ チネヌン ゲ ト チョア

💡 プラスα 오빠 동생으로 지내 オッパ トンセンウロ チネ＝兄と妹のような関係がいい

◯ ほかに好きな人ができたんだ。

좋아하는 사람이 생겼어.
チョアハヌン サラミ センギョッソ

◯ 合鍵返して。

보조키 돌려 줘.
ボジョキ トゥルリョ ジュォ

◯ 別れたら、絶対後悔するよ。

헤어지면 분명 후회할 거야.
ヘオジミョン ブンミョン フフェハル コ ヤ

💡 プラスα 이대로 못 헤어져 イデロ モッ ヘオジョ＝このまま別れられない

◯ もう一度やり直そう。

다시 시작하자.
タ シ シジャカジャ

💡 プラスα 내가 더 잘할게 ネガ ト チャラルケ＝俺がもっとがんばる、もっと優しくなる

◯ 考える時間をください。

생각할 시간이 필요해.
センガカル シ ガ ニ ピリョヘ

💡 プラスα 생각할 시간을 가지자 センガカル シガヌル カジジャ＝考える時間を持とう

◯ さよなら。

안녕.
アンニョン

別れ

プロポーズ・結婚式

☐ **結婚してください。**

キョロネ　ジュセヨ
결혼해 주세요.

> 💡 **プラスα** 「結婚する」は결혼하다 キョロナダ 以外にも장가가다 チャンガカダ（男性のみ使う）、시집가다 シジッカダ（女性のみ使う）もある。

☐ **ふたりで幸せな家庭を築こう。**

トゥリソ　ヘンボカン　ガジョンウル　マンドゥルジャ
둘이서 행복한 가정을 만들자.

☐ **一生、苦労させないよ。**

ヒョンセン　コセン　アン　シキルケ
평생 고생 안 시킬게.

☐ **君を幸せにするよ。**

ノルル　ヘンボカゲ　ヘ　ジュルケ
너를 행복하게 해 줄게.

☐ **君の両親に挨拶に行こう。**

チャギ　ブロニマンテ　インサハロ　カシャ
자기 부모님한테 인사하러 가자.

> ⭐ **カルチャー** 日本でいう結納など、結婚前に両家の家族が集まって食事をすることを상견례 サンギョンネ（相見礼）という。

☐ **君に大きな家をプレゼントするよ。**

ノハンテ　クン　ジブル　ソンムラルケ
너한테 큰 집을 선물할게.

> ⭐ **カルチャー** 韓国では新郎側で家を準備し、新婦側で家具や電化製品を準備することが多い。

☐ もちろん！　イエス。

물론! 예스.
ムルロン　イェス

☐ ごめんなさい、やっぱり結婚できない……。

미안해 역시 결혼 못 해...
ミ アネ　ヨクシ　キョロン　モ　テ

☐ なぜまだプロポーズしてくれないの?

왜 아직 프로포즈 안 해?
ウェ　アジク　プロポジュ　ア　ネ

⭐ **カルチャー** 韓国はプロポーズのイベントを男性が準備するのが当たり前なので、女性から
プロポーズを早くするようにせかすこともある。

☐ 昨日婚姻届を出したの。

어제 혼인신고 했어.
オジェ　ホニンシンゴ　ヘッソ

⭐ **カルチャー** 韓国では婚姻届を出す前に式を挙げることが多い。親族の前で結婚を誓わな
いと、結婚を認めてもらえない。そのため式を挙げるのが先になる。

☐ 結婚式はどこで挙げる?

결혼식은 어디서 올리지?
キョロンシグン　オ ディソ　オルリジ

⭐ **カルチャー** 韓国では結婚式場やホテル、教会や聖堂で結婚式を挙げる。日本のように招
待者の人数をしぼるのではなく、多くの人が参加してお祝いをする。

☐ 式は韓国で行います。

식은 한국에서 올릴 거예요.
シグン　ハングゲソ　オルリル　コイェヨ

☐ やっぱり伝統衣装も着たいな。

역시 전통예복도 입고 싶어.
ヨクシ　チョントンイェボクト　イ ッコ　シ ボ

💡 **プラスα** 韓国の伝統的な衣装というと日本ではチマチョゴリ(直訳:スカートと上着)という
ことが多いが、正しくは한복 ハンボク(直訳:韓服)という。

239

☐ ご祝儀はどこに出せばいいですか?

チュギグムン　オディエ　ネミョン　ドェヨ
축의금은 어디에 내면 돼요?

⭐カルチャー 日本ではご祝儀を偶数にしないのがマナーだが、韓国ではとくに決まりはない。
ちょっとした知り合いは5万ウォン、その他は間柄によって10万ウォン以上になる。

☐ ペベクは見られますか?

ペベクン　ボル　ス　イッソヨ
폐백은 볼 수 있어요?

⭐カルチャー 폐백 ペベク(幣帛)は、親族だけが集まって行う伝統式のこと。

☐ 食事はどこでとりますか?

シクサヌン　オディエソ　ヘヨ
식사는 어디에서 해요?

⭐カルチャー 韓国の結婚式場では食事会場は別のことが多い。ご祝儀を渡す受付で、必ず
食券をもらうことを忘れずに。

☐ 末永くお幸せに。

ピョンセン　ヘンボカゲ　サセヨ
평생 행복하게 사세요.

☐ 新婚旅行はどこに行くの?

シノンニョヘンウン　オディロ　カ
신혼여행은 어디로 가?

⭐カルチャー 韓国では式を挙げた当日、または翌日に新婚旅行に行くことが一般的。

浮気・不倫
音声 2 -34

☐ 浮気しているでしょう?

バラム　ビウォッチ
바람 피웠지?

💡プラスα 「浮気をする」は바람을 피우다 バラムル ビウダ、외도하다 ウェドハダという。

☐ 隠しててもわかるんだから！

スムギョド　アラ
숨겨도 알아!

☐ 奥さんがいるなんて、知らなかったの。

ワ　イ　プ　ガ　インヌン　ジュル　モルラッソ
와이프가 있는 줄 몰랐어.

> 💡**プラスα** 유부남 ユブナム＝既婚男性(直訳：有婦男)。유부녀 ユブニョ＝既婚女性(直訳：有夫女)

☐ クリスマスも会えないなんてさびしい。

ク　リ　ス　マ　ス　ド　モン　マンナンダニ　ウェロウォ
크리스마스도 못 만난다니 외로워.

☐ いつ奥さんと別れてくれるの?

オンジェ　ブ　イ　ナ　ゴ　ヘオジル　コヤ
언제 부인하고 헤어질 거야?

> 😊**表現** 「奥さん」は부인 ブイン(婦人)という。英語の表現である와이프 ワイプ(wife)ということもある。

☐ 奥さんにばれちゃった。

ア　ネ　ハ　ン　テ　トゥルキョッソ
아내한테 들켰어.

> 😊**表現** 自分の妻のことは아내 アネ(妻)、または와이프 ワイプ(wife)という。

☐ 三角関係だったの。

サムガッククァンゲヨッソ
삼각관계였어.

> 💡**プラスα** 불륜관계 ブルリュングァンゲ＝不倫関係

☐ 泥沼だね。

マクチャンイネ
막장이네.

> 😊**表現** 막장 マクチャンは「どん詰まり、とんでもない状況」という意味。

241

離婚・再婚

音声 2 -35

☐ **離婚届にサインして。**

イ ホン シン ゴ ソ エ サ イ ネ

이혼신고서에 사인해.

😊 表現　「離婚届」は이혼신고서 イホンシンゴソ(離婚申告書)という。

☐ **子どもは私が引き取るよ。**

エ ドゥ ルン ネ ガ キ ウル コ ヤ

애들은 내가 키울 거야.

💡 プラスα　친권 チンクォン＝親権。양육권 ヤンユックォン＝養育権

☐ **養育費は月にいくらくれるの?**

ヤンユッピ ハン ダ レ オルマ ジュル コ ヤ

양육비 한 달에 얼마 줄 거야?

💡 プラスα　위자료 ウィジャリョ＝慰謝料

☐ **絶対離婚なんてしてやらない。**

チョルテ イ ホ ナ ネ ジュル コ ヤ

절대 이혼 안 해 줄 거야.

😊 表現　直訳では「絶対離婚してあげない」。

☐ **裁判で争う覚悟です。**

チェ バ ネ ソ ッサ ウル カ ゴ イ エ ヨ

재판에서 싸울 각오예요.

☐ **財産はきっちり分けてください。**

チェ サ ヌン チョン ファ カ ゲ ナ ヌォ ジュ セ ヨ

재산은 정확하게 나눠 주세요.

💡 プラスα　재산분할 チェサンブナル＝財産分割

☐ 早く出ていって！

ッパルリ ナ ガ
빨리 나가!

☐ 性格の不一致が原因です。

ソンキョギ アン マンヌン ゲ ウォニニエヨ
성격이 안 맞는 게 원인이에요.

💡 **プラスα** 협의이혼 ヒョビイホン＝協議離婚、合意離婚

☐ バツイチなんです。

イホン ハン ボ ネッソヨ
이혼 한 번 했어요.

💡 **プラスα** 「バツイチ」を韓国語では이혼남 イホンナム (離婚男)、이혼녀 イホンニョ (離婚女)、または돌싱남 トルシンナム (戻ってきたシングル男)、돌싱녀 トルシンニョ (戻ってきたシングル女)という。

☐ 実は子どもがひとりいます。

シルン エ ガ ハン ミョン イッソヨ
실은 애가 한 명 있어요.

☐ 二度目はお見合いです。

トゥ ボンッチェヌン ソン ボァッソヨ
두 번째는 선 봤어요.

😊 **表現** 선 보다 ソン ボダ (お見合いする)

☐ 再婚して今は幸せです。

チェホネソ チグムン ヘンボケヨ
재혼해서 지금은 행복해요.

☐ 今度はうまくいくといいね。

イ ボ ネ ヌン チャル サラッスミョン ジョケンネ
이번에는 잘 살았으면 좋겠네.

😊 **表現** 直訳では「今度は問題なく過ごせたらいいね」。

THEME 28 妊娠・出産・育児

妊娠・出産

音声 2-36

☐ おめでたです。

チュカヘヨ
축하해요.

☐ 妊娠3カ月になりました。

イムシン サム ゲウォリエヨ
임신 삼 개월이에요.

☐ つわりがひどいの。

イプトシ シメヨ
입덧이 심해요.

☐ テモンは見ましたか?

テモン ックォッソヨ
태몽 꿨어요?

⭐カルチャー 韓国では本人や家族、もしくは親族がテモン(胎夢〈子どもが生まれる夢〉)を見て女か男かあてることも多い。誰かしらがテモンを見るので、親に聞いて自分のテモンを知っている人も多い。

☐ ワカメスープをたくさん食べなきゃね。

ミョックグル マニ モゴヤ ヘ
미역국을 많이 먹어야 해.

⭐カルチャー 韓国では鉄分がたくさん含まれているワカメスープを妊婦に食べさせる。誕生日にワカメスープを食べる習慣もあり、母親に感謝する意味がある。

☐ もう、ひとりだけの体じゃないんだから。

イジェ ホンジャ モミ アニヤ
이제 혼자 몸이 아니야.

244

☐ 重いものを持っちゃだめ。

ムゴウン ゴ トゥルミョン アンドェ
무거운 거 들면 안돼.

> **文法** ～면 안돼 ミョン アンドェ（～しちゃだめ、～してはいけない）

☐ おなかが大きくなってきたね。

ヘ ガ マ ニ ナワンネ
배가 많이 나왔네.

> **表現** 直訳では「おなかがたくさん出てきたね」。

☐ 順調ですね。

スンジョロムネヨ
순조롭네요.

☐ もうすぐ臨月です。

イジェ コッ マンサギエヨ
이제 곧 만삭이에요.

☐ 予定日は12月25日です。

イェジョンイルン シ ビ ウォル イ シ ボ イ リ エ ヨ
예정일은 십이 월 이십오 일이에요.

☐ 破水した！

ヤンスガ トジョッソ
양수가 터졌어!

☐ 陣痛かも。

チントンイ オン ゴ ガ タ
진통이 온 거 같아.

妊娠・出産

245

☐ 生まれましたよ。

テオナッソヨ
태어났어요.

💡 プラスα　자연분만 チャヨンブンマン＝自然分娩。재왕절개 チェワンジョルゲ＝帝王切開

☐ かわいい女の子です。

クィヨウン　コンジュニミムニダ
귀여운 공주님입니다.

💡 プラスα　女の子の場合は공주님 コンジュニム (お姫様、プリンセス)。男の子の場合は왕자님 ワンジャニム (王子様、プリンス)という。

☐ 母子ともに健康です。

サンモワ　アギ　トゥル　ダ　コンガンハムニダ
산모와 아기 둘 다 건강합니다.

⭐ カルチャー　韓国では産後すぐに산후조리원 サヌジョリウォン (産後調理院)に1カ月入院し、専門家に子どもの世話の仕方を教えてもらったり、養生したりして過ごす。

育児

☐ いないいないばー。

ッカックン
까꿍.

💡 プラスα　맘마 マンマ＝食事の幼児語。까까 ッカッカ＝お菓子の幼児語

☐ はいはいができるようになったよ。

オンアリ　シジャケッソヨ
옹알이 시작했어요.

😊 表現　옹알이 オンアリ (はいはい)

☐ 夜泣きがひどいの。

チャムトゥジョンイ　シメ
잠투정이 심해.

😊 表現　잠투정 チャムトゥジョン (夜泣き)

☐ 今、ちょうど生後3カ月。

チグム ッタク センフ サム ゲウォリヤ
지금 딱 생후 삼 개월이야.

☐ 離乳食をはじめました。

イ ユ シ グ ル   シ ジャ ケッ ッ ソ
이유식을 시작했어요.

☐ 育児休暇中です。

ユ ガ ヒュ ガ   ジュン イ エ ヨ
육아휴가 중이에요.

☐ 夫はイクメンなの。

ナム ビョ ヌン   ユ ガ ナ ミ ヤ
남편은 육아남이야.

(◡) **表現** 육아남 ユガナム(イクメン〈直訳:育児男〉)

☐ うちは一男一女です。

チョ ヒ ヌン   イル ナ ム   イル   ニョ イ エ ヨ
저희는 일 남 일 녀예요.

☐ 義母が何かと育児に口出ししてくる……。

シ オ モ ニ ミ   チャック   ユ ガ エ   クァン ソプ ル   ハ ショ
시어머님이 자꾸 육아에 관섭을 하셔...

(💡) **プラスα** 시어머니 シオモニ=義母。시아버지 シアボジ=義父。시동생 シドンセン=
義弟(義妹)

☐ 1歳のときから保育園に預けています。

ハン   サル ッテ ブ ト   ボ ユ グォ ネ   ポ ネ ゴ   イッ ッ ソ ヨ
한 살때부터 보육원에 보내고 있어요.

(💡) **プラスα** 유치원 ユチウォン=幼稚園

人生のイベント

お祝い

音声 2 -38

☐ **20歳のお誕生日おめでとう！**

スム サル センイル チュカ ヘ
스무 살 생일 축하해!

> 🌀 **文法** 「20」の固有数詞は스물 スムルという。後ろに単位がつくときは、最後の文字の
> パッチムがなくなり스무 スムになる。

☐ **結婚50周年おめでとうございます。**

キョロ ノシプ チュニョン チュカ ヘ ヨ
결혼 오십 주년 축하해요.

> ⭐ **カルチャー** 韓国でも日本のように50周年祝いの금혼식 クメンシク（金婚式）や25周年祝い
> の은혼식 ウノンシク（銀婚式）がある。

☐ **就職祝い、何がいい？**

チュィオプ チュカ ソンムル ムォガ チョア
취업 축하 선물 뭐가 좋아?

☐ **ソウル大学に合格なんてすごい！**

ソウルデハクキョエ ハプキョカダニ テ デ ネ
서울대학교에 합격하다니 대단해!

> 🌀 **文法** ～다니 ダニ（～なんて）

☐ **婚約しました。**

ヤ コ ネ ッ ソ ヨ
약혼했어요.

> 💡 **プラスα** 약혼식 ヤコンシク＝婚約式

☐ **結婚式にはぜひ出席してね。**

キョロンシゲヌン ッコク ワ
결혼식에는 꼭 와.

> 💡 **プラスα** 韓国では結婚式やイベントなどには「出席してね」とはいわない。와 ワ（来てね）、
> または참석해 チャムソク（参列してね）という。

☐ **定年、おめでとうございます。**

チョンニョントェジク　チュカドゥリムニダ
정년퇴직 축하드립니다.

😊 **表現**　もっともていねいな「おめでとうございます」の表現は、축하드립니다 チュカドゥリ
ムニダという。それ以外に、ていねいな表現では축하합니다 チュカハムニダ、축하
해요 チュカヘヨもある。

☐ **還暦、おめでとうございます。**

ファンガプ　チュカドゥリムニダ
환갑 축하드립니다.

⭐**カルチャー**　韓国では60歳になると、親族など大勢の人が集まり、お祝いをする。

☐ **あけましておめでとうございます。**

セ　ヘ　ボク　マ　ニ　　バ　ドゥ　セ　ヨ
새해 복 많이 받으세요.

😊 **表現**　直訳では「新年福をたくさんもらってください」。年末から年明けに使えるフレーズ。

弔事

音声
2 -39

☐ **ずっとガンで闘病していました。**

ケ　ソク　　ア　ム　ロ　　トゥビョンハショッソヨ
계속 암으로 투병하셨어요.

⭐**カルチャー**　韓国では3日間葬儀を行う。葬儀場は病院の地下に設けられていることが多い。

☐ **ご愁傷さまです。**

オ　ル　マ　ナ　　エ　トンハ　シ　ム　ニ　ッカ
얼마나 애통하십니까.

😊 **表現**　直訳では「どんなに悲痛ですか」。

☐ **お悔やみ申し上げます。**

サ　ム　ガ　　ゴ　イ　ネ　　ミョンボグル　ビ　ム　ニ　ダ
삼가 고인의 명복을 빕니다.

😊 **表現**　直訳では「謹んで故人のご冥福をお祈りします」。

おめでとう

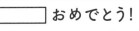
　　　　　　　おめでとう!

^{チュカヘ}
축하해!

入学 입학

卒業 ^{チョロプ}졸업

合格 ^{ハッキョッ}합격

入賞 ^{イプサン}입상

250

就職 **취직**

結婚 **결혼**

取得 **취득**

出産 **출산**

婚約 **약혼**

昇進 **승진**

☐ 突然のことで、びっくりしています。

カッチャギ イロナン イリラソ ッカムッチャク ノルラッソヨ
갑자기 일어난 일이라서 깜짝 놀랐어요.

☐ なんと言ったらいいか、言葉も見つかりません……。

ムォラゴ マレヤ ハルチ モルゲッソヨ
뭐라고 말해야 할지 모르겠어요...

★カルチャー 日本と同じように葬儀場に行くときは黒い服装で行く。アクセサリーもつけない
のがマナーなので注意しよう。

☐ 享年60歳でした。

ヒャンニョン イェスニショッソヨ
향년 예순이셨어요.

☐ 最期は安らかでした。

マジマグン ピョナナショッソヨ
마지막은 편안하셨어요.

😊 表現 편안하다 ピョナナダ（安らかだ、楽だ）

☐ 眠っているよう……。

チャゴ インヌン ゴ ガタ
자고 있는 거 같아...

😊 表現 자다 チャダ（寝る、眠る）

就職

音声 2 -40

☐ やっと就職が決まりました。

キョウ チュィオビ キョルチョンナッソヨ
겨우 취업이 결정났어요.

◻ 就職難なんだよ。

チュィオムナニヤ
취업난이야.

> 💡 **プラスα** 日本語の「就活生」は취직 활동 준비생 チュィジク ファルトン チュンビセン（就職活動準備生）。略語は취준생 チュィジュンセン（就準生）という。

◻ 就職できなくて肩身がせまい。

チュィオビ アン ドェオソ ヌンチ ポヨ
취업이 안 되어서 눈치 보여.

> 😊 **表現** 눈치 보이다 ヌンチ ボイダには「人目が気になる、相手の様子をうかがい、気を配る」のニュアンスが含まれ、「肩身がせまい」という意味で使われる。

◻ 一流企業にお勤めですね。

イルリュ ギオベソ クンムハシネヨ
일류 기업에서 근무하시네요.

> 💡 **プラスα** 대기업 テギオッ＝大企業。중소기업 チュンソギオッ＝中小企業。벤처기업 ベンチョギオッ＝ベンチャー企業

◻ 10大財閥の1つです。

シプ テ チェボル ジュン ハナイェヨ
십 대 재벌 중 하나예요.

◻ 実はコネ入社です。

シルン ナカサヌロ イプサヘッソヨ
실은 낙하산으로 입사했어요.

> 😊 **表現** 낙하산 ナカサン（パラシュート〈直訳：落下傘〉）は「天下り、コネ入社」のこと。

◻ 過労死しそう。

クァロサ ハル ゴ ガタ
과로사 할 거 같아.

◻ リストラされました。

チョンニヘゴ ドェッソヨ
정리해고 됐어요.

> 😊 **表現** 「リストラ」は정리해고 チョンニヘゴ（整理解雇）、구조조정 クジョジョジョン（構造調整）という。

写真好きにはたまらない！韓国の写真文化

写真が大好きな韓国人

　韓国では友だちや家族などと、誰もがファッションモデルのようにスタジオでの写真撮影を楽しんでいます。とくに結婚が決まった人は、結婚式の前に数日かけてスタジオ内外で写真を撮り、撮影後は希望に合わせて修正もしてもらいます。また、子どもが生まれて100日目の記念日である「ドルジャンチ」には、スタジオで子どもといっしょに家族写真を撮ることが定番となっています。家に大きな家族写真を飾っている人もたくさんいます。

　また就職活動の競争が激しい韓国では、履歴書に貼る証明写真も大切。証明写真もモデルのようにきれいに撮ります。プリントした写真は何枚ももらえるため、余ったぶんは友人や家族にプレゼントします。そのため、多くの人が財布の中に、友人や彼氏・彼女、家族の証明写真を入れています。

写真好きでも気が重くなることが……

　ただ、写真好きの韓国人でも気が重くなることもあります。それは結婚式後の写真撮影。韓国では、結婚式が終わったあとに、必ず親族や友だちとの写真撮影が行われます。そのときに、人数が少ないと、とても恥ずかしい思いをします。そこで、なんと写真撮影のために、見知らぬ人を親族や友だち役としてアルバイトで雇うこともあるのだとか。写真を大切にする文化に苦労することもあるのですね。

☐ **健康第一!**

コンガン チェイル

건강 제일!

☐ **体が資本です。**

モ ミ チェサニエヨ

몸이 재산이에요.

😊 **表現** 「資本」は자본 チャボン。韓国語では「体が資本」とはいわず、재산 チェサン(財産)を使い、「体が財産」という。

☐ **体にいいことを何かしていますか?**

モ メ チョウン ゴ ムォンガ ヘ ヨ

몸에 좋은 거 뭔가 해요?

😊 **表現** 몸 モム(体)

☐ **毎日、漢方薬を飲んでいます。**

メイル ハンバンヤグル モ ゴ ヨ

매일 한방약을 먹어요.

⭐ **カルチャー** 韓国では漢方薬を飲むことが多い。漢方薬入りの化粧品やシャンプー、リンスもたくさんある。

☐ **毎朝、ジョギングをしています。**

メイル アチム チョギングウル ヘ ヨ

매일 아침 조깅을 해요.

☐ **定期的に鍼灸院に通っています。**

チョンギジョグロ ハ ニ ウォネ タニョ ヨ

정기적으로 한의원에 다녀요.

⭐ **カルチャー** 韓国では漢方薬を処方してくれたり、鍼を打ってくれたりする漢医院が多くある。薬をもらうためではなく、鍼も打ってもらうために漢医院に通う人も多い。

コリア・レポート⑤／健康

☐ いつ見ても健康そうですね。

オンジェ ボァド コンガンヘ ボイネヨ
언제 봐도 건강해 보이네요.

☐ 顔色が悪いよ。

オルグルセギ ナッパ
얼굴색이 나빠.

💡 **プラスα** 顔色が悪いことを얼굴이 안 좋다 オルグリ アン チョッタ(顔がよくない)ともいう。容姿を指す言葉ではないので誤解しないように！

☐ 貧血気味です。

ビニョリ イッソヨ
빈혈이 있어요.

☐ メタボ気味です。

ヤッカン ボクブビマニエヨ
약간 복부비만이에요.

😊 **表現** 「メタボ」は복부비만 ボクブビマン(直訳：腹部肥満)という。

☐ 体力だけは自信があります。

チェリョンマヌン チャシ ニッソヨ
체력만은 자신 있어요.

☐ 健康診断きちんと受けている？

コンガンジンダン ッコバクッコバク バッコ イッソ
건강진단 꼬박꼬박 받고 있어?

😊 **表現** 「きちんと」は状況によって使われる言葉が違う。ここでは「規則正しく」の意味で꼬박꼬박 ッコバクッコバクという。

☐ 年に1回は人間ドックを受けてるよ。

イル ニョネ ハン ボヌン チョンハプコムジヌル バダ
일 년에 한 번은 종합검진을 받아.

😊 **表現** 「人間ドック」は종합검진을 받다 チョンハプコムジヌル バッタ(総合検診を受ける)という。

CHAPTER 7

社会・自然

THEME 30 日時・天気

スケジュール

 音声 2 -42

☐ 夏休みはいつからいつまで?

ヨルムバンハグン　オンジェブト　オンジェッカジヤ
여름방학은 언제부터 언제까지야?

💡プラスα 「学校の休み」は**방학** パンハク、「会社の休み」は**휴가** ヒュガという。

☐ 8月10日から15日までです。

バ ルォル シ　ビルブト　シボ　イルッカジイェヨ
팔 월 십 일부터 십오 일까지예요.

☐ 今週の金曜日はあいてる?

イボン チュ クミョイル　シガン　イッソ
이번 주 금요일 시간 있어?

💡プラスα **이번 주** イボン チュ＝今週。**다음 주** タウム チュ＝来週。**다다음 주** タダウム チュ＝再来週。**지난주** チナンジュ＝先週。**지지난주** チジナンジュ＝先々週

☐ 週末みんなでイミソさんの歓迎会をしましょう。

チュ マ レ　カ チ　イ ミ ソ　ッシ ファニョンフェルル　ハ プ シ ダ
주말에 같이 이미소 씨 환영회를 합시다.

💡プラスα 環迎会 ファニョンフェ＝歓迎会。送別会 ソンピョロェ＝送別会

☐ 月末はいつも仕事が忙しいよ。

ウォルマルン ハンサン イ リ　パッパ
월말은 항상 일이 바빠.

☐ 25日にお給料が出たら飲みに行かない?

イ シ ボ　イ レ　ウォルグビ ナオミョン ハンジャン ハ ロ アン カルレ
이십오 일에 월급이 나오면 한잔 하러 안 갈래?

💡プラスα 월급 ウォルグブ＝給料(直訳:月給)。時給 シグブ＝時給。연봉 ヨンボン＝年収(直訳:年俸)

258

◯ 今年のお正月はお休みとれそう?

オレ ソレヌン ヒュガ パドゥル ス イッスル ゴ ガタ
올해 설에는 휴가 받을 수 있을 거 같아?

> ⊘ プラスα 올해 オレ=今年。내년 ネニョン=来年。내후년 ネフニョン=再来年。작년
> チャンニョン=昨年。재작년 チェジャンニョン=一昨年

◯ 毎週月曜日は会議があって憂鬱。

メジュ ウォリョイルン フェイガ イッソソ ウウレ
매주 월요일은 회의가 있어서 우울해.

> ⊘ プラスα 매주 メジュ=毎週。매달 メダル=毎月。매년 メニョン=毎年。매일 メイル=
> 毎日

◯ 日曜日が早くこないかな。

イリョイリ ッパルリ ア ノナ
일요일이 빨리 안 오나.

◯ 来月、ライブに行くんだ。

タウム タレ ライブエ カ
다음 달에 라이브에 가.

> ⊘ プラスα 이번 달 イボン タル=今月。다음 달 タウム タル=来月。다다음 달 タダウム タル
> =再来月。지난달 チナンダル=先月。지지난달 チジナンダル=先々月

◯ 期日まであと1週間あればな。

マガミルッカジ イルチュイル ト イッソッスミョン ジョッケンヌンデ
마감일까지 일주일 더 있었으면 좋겠는데.

> ⊘ 注意 「期日」の漢字語である기일 キイルは기일 キイル(忌日)と同じ発音で誤解を招く
> こともあるため、마감일 マガミル(締切日)を使うことが多い。

◯ 今日は7月4日です。

オヌルン チル ルオル サ イ リ エ ヨ
오늘은 칠 월 사 일이에요.

◯ 来週の土曜日は出張に行く予定です。

タウム チュ トヨイルン チュルチャンウル カル イェジョンイエヨ
다음 주 토요일은 출장을 갈 예정이에요.

○ 平日は6時起きです。

ビョンイルン ヨソッ シ エ イロナヨ
평일은 여섯 시에 일어나요.

💡プラスα 평일 ビョンイル＝平日。주말 チュマル＝週末

○ 会社の始業時間は9時です。

フェサ オムム シジャグン アポプ シイェヨ
회사 업무 시작은 아홉 시예요.

○ 7時半のバスに乗らないと遅れちゃう！

イルゴプ シ バン ボスルル アン タミョン ヌジョ
일곱 시 반 버스를 안 타면 늦어!

🗨 文法 韓国語では「乗る、会う」につく助詞は「に」ではなく、「を」を使う。～를 타다 ルル タダ＝～にのる（直訳：～を乗る）

○ 13時に駅で待ち合わせしましょう。

オフ ハン シ エ ヨゲソ マンナヨ
오후 한 시에 역에서 만나요.

💡プラスα 오후 オフ＝午後。오전 オジョン＝午前。日本語のフレーズでは「13時」だが韓国語では「午後1時」という表現を使う。

○ 15時になったら休憩しよう。

オフ セ シガ ドェミョン シュィジャ
오후 세 시가 되면 쉬자.

🗨 文法 쉬다 スィダは「休む」の意味で、쉬자 スィジャは「休もう、休憩しよう」の意味。

○ ランチは11時から営業しています。

チョムシムン ヨラン シ ブト ヨンオペヨ
점심은 열한 시부터 영업해요.

☐ 飲み会のお店は19時に予約したよ。

フェシク カゲヌン チョニョク イルゴプ シ エ イェヤケッソ
회식 가게는 저녁 일곱 시에 예약했어.

⭐**カルチャー** 韓国には**술문화** スルムノァ（お酒文化）があるため、**회식** フェシク（飲み会〈直訳：会食〉）などで人間関係を深めることが多い。

☐ 木曜日の夜10時のドラマは見逃せない。

モギョイル バム ヨル シ トゥラマヌン ノチル ス オプソ
목요일 밤 열 시 드라마는 놓칠 수 없어.

😊 **表現** 놓치다 ノチダ（見逃す）

☐ お肌のために12時前には寝るようにしています。

ピブルル ウィヘソ ヨルトゥ シ ジョネヌン チャリョゴ ヘ ヨ
피부를 위해서 열두 시 전에는 자려고 해요.

🌀 **文法** ～를 위해서 ルル ウィヘソ（～のために）。전 チョン（前）

☐ 午後3時に面接に来てください。

オフ セ シエ ミョンジョパロ オ セヨ
오후 세 시에 면접하러 오세요.

🌀 **文法** ～러 ロ（～しに）

☐ 今、午前9時40分です。

チグム オジョン アホプ シ サシプ ブニエヨ
지금 오전 아홉 시 사십 분이에요.

☐ 今、午後5時ちょうどです。

チグム オフ タソッ シ チョンガギエヨ
지금 오후 다섯 시 정각이에요.

☐ あと30秒でパスタが茹で上がるよ。

サムシプ チョ フエ スパゲティ ミョニ タ イグル コ ガタ
삼십 초 후에 스파게티 면이 다 익을 거 같아.

💡 **プラスα** 다 익다 タ イクタ＝全部煮る、茹で上がる

時間

☐ 雲ひとつない青空ですね。

<small>クルム ハ ナ オムヌン バ ラン ハ ヌ リ ネ ヨ</small>

구름 하나 없는 파란 하늘이네요.

> 💡 **プラスα** 하늘 ハヌルは「空」の意味。韓国では「水色」のことを**하늘색** ハヌルセク(空色)という。

☐ どんより曇り空です。

<small>ハ ヌ リ オ ド ゥ チ ム チ メ ヨ</small>

하늘이 어두침침해요.

> 😊 **表現** 直訳では「空がどんより曇っている」。

☐ 霧がかかって前がよく見えないよ。

<small>アン ゲ ガ ッキョソ ア ビ チャ ラン ボ ヨ</small>

안개가 껴서 앞이 잘 안 보여.

> 💡 **プラスα** 안개가 끼다 アンゲガ ッキダ＝霧がかかる。**황사가 심하다** ファンサガ シマダ＝黄砂が多い

☐ 今にも雨が降りそう。

<small>クム バン イ ラ ド ビ ガ オ ル コ ガ タ</small>

금방이라도 비가 올 거 같아.

☐ とうとう梅雨に突入した。

<small>トゥディオ チャンマチョリ トゥェオンネ</small>

드디어 장마철이 되었네.

> 😊 **表現** 장마 チャンマ(梅雨)と철 チョル(時期)がいっしょに使われ、**장마철이 되었다** チャンマチョリトゥェオッタ(梅雨の時期になった、梅雨に突入した)の意味になる。

☐ 毎日しとしと雨が降っています。

<small>メ イル ボ ス ル ボ ス ル ビ ガ ネ リョ ヨ</small>

매일 보슬보슬 비가 내려요.

☐ どしゃぶりだ。

チャンテビダ
장대비다.

💡 プラスα　**장대비** チャンテビ＝どしゃぶりの雨。**소나기** ソナギ＝にわか雨。**우박** ウバク＝雹

☐ 暑くて頭がくらくらするよ。

トゥウォソ　モリガ　オジロジレ
더워서 머리가 어질어질해.

😊 表現　**어질어질** オジロジル（くらくら、ふらふら）

☐ 台風が近づいているみたい。

テプンイ　タガオヌン　ゴ　ガタ
태풍이 다가오는 거 같아.

⭐ カルチャー　韓国は台風に1号、2号などの数字ではなく、動物などの名前をつける。これまで**개미** ケミ（アリ）、**너구리** ノグリ（タヌキ）、**독수리** トクスリ（ハゲワシ）などの名称がついた。

☐ ゲリラ豪雨に注意して！

ケリルラソン　ホ ウ エ　チュイヘ
게릴라성 호우에 주의해!

💡 プラスα　**폭설** ポクソル＝大雪（直訳：暴雪）。**폭우** ポグ＝大雨（直訳：暴雨）。**폭염** ポギョム＝猛暑（直訳：暴暑）

☐ 近くに雷が落ちたみたい。

クンチョエソ　チョンドゥンイ　チン　ゴ　ガタ
근처에서 천둥이 친 거 같아.

💡 プラスα　**천둥** チョンドゥン＝雷。**번개** ポンゲ＝稲妻

☐ 一部の地域で竜巻注意報が出ています。

イルブ　チヨゲソ　フェオリ　チュイボガ　ナオゴ　イッソヨ
일부 지역에서 회오리 주의보가 나오고 있어요.

☐ わー！　初雪だよ。

ウワ　チョンヌニヤ
우와! 첫눈이야.

💡 プラスα　**첫눈** チョンヌン＝初雪。**첫사랑** チョッサラン＝初恋。**첫인상** チョディンサン＝初印象

天気

263

天気

今日は ◻️◻️ですね。

オヌルン
오늘은 ◻️◻️ 네요.
ネヨ

風が強い
バラミ カンハ
바람이 강하

蒸し暑い
ムトㇺ
무덥

よい天気
チョウン ナルッシ
좋은 날씨

洗濯ものがよく乾きそう
ッパルレガ チャル マルル
빨래가 잘 마를
コッ カッ
것 같

曇り
フリ
흐리

264

雪が降りそう
ヌ ニ オル コッ カン
눈이 올 것 같

寒い
チュム
춤

台風が来そう
テ プン イ オル コッ カン
태풍이 올 것 같

じめじめ
ス パ
습하

雨
ビ
비

THEME 31 電話

電話対応

音声 2 -45

なりきりミニ会話

○ こんにちは、佐藤商会のキム・ミヨンです。

アンニョンハセヨ　サトサンフェエ　キムミヨンイムニダ
안녕하세요? 사토상회의 김미영입니다.

ミヨン

○ ありがとうございます。高橋電気です。

カムサハムニダ　タカハシジョンギイムニダ
감사합니다. 다카하시전기입니다.

ナオキ

○ 営業部のパク・チニョン課長はいらっしゃいますか?

ヨンオプブ　パクチニョン　クァジャンニム　ケシムニッカ
영업부 박진영 과장님 계십니까?

ミヨン

○ 外出していて、16時に戻ります。

ウェグン　ジュンイシンデ　オフ　ネ　シエ　トゥラオシムニダ
외근 중이신데 오후 네 시에 돌아오십니다.

ナオキ

○ ではまたご連絡します。失礼します。

クロム　タシ　ヨルラカゲッスムニダ　アンニョンヒ　ケシプシオ
그럼 다시 연락하겠습니다. 안녕히 계십시오.

ミヨン

☐ もしもし。

여보세요.
ヨ ボ セ ヨ

☐ 仕事中にごめんね。

업무 중에 미안해.
オ ム ム ジュンエ ミ ア ネ

💡 プラスα バッブンデ ミアネ＝忙しいのにごめんね

☐ 今、電話しても大丈夫?

지금 전화해도 괜찮아?
チ グ ム チョノァヘド クェンチャナ

★カルチャー 韓国では仕事中でもプライベートの電話に出ることができる。会議中でも個人の携帯電話を持って会議に入ることがある。

☐ 緊急の用事なんですが。

급한 일인데요.
ク バン ニ リ ン デ ヨ

😊 表現 일 イル、볼일 ポルリル(用事)

☐ たいした用事じゃないんだけど。

중요한 건 아닌데.
チュンヨハン ゴン ア ニ ン デ

☐ どうしているか気になってかけてみたよ。

뭐 하는지 궁금해서 걸었어.
ムォ ハ ヌ ン ジ クングメソ コ ロッソ

★カルチャー 韓国人はとくに用事がなくても電話でおしゃべりをすることがある。そんなときの決まり文句は그냥 걸었어 クニャン コロッソ(ただ、かけただけよ)。

☐ 急に声が聞きたくなっちゃって。

갑자기 목소리가 듣고 싶어서.
カプチャギ モクソリガ トゥッコ シポソ

😊 表現 목소리 モクソリ＝声（直訳：咽喉音）

☐ 広報部のチョン・ミンジュさんはいらっしゃいますか?

홍보부의 전민주 씨 계세요?
ホンボブエ チョンミンジュ ッシ ケセヨ

🎵 発音 助詞「の」の意味で의 ウィを使うときは【에 エ】と発音する。

☐ はい、高橋です。

네, 다카하시입니다.
ネ タカハシイムニダ

☐ いつもお世話になっております。

안녕하세요?
アンニョンハセヨ

😊 表現 韓国ではビジネスでの決まり文句として「いつもお世話になっております」とは言わない。本当にお世話になっているときだけに신세 많이 졌습니다 シンセ マ二 ジョッスムニダ（お世話になりました）を使う。

☐ どちらさまですか?

어디세요?
オディセヨ

😊 表現 直訳では「どこにいらっしゃいますか?」。電話では「どちらさまですか?」の意味で使える。

☐ お急ぎですか?

급한 일이세요?
クパン ニリセヨ

☐ お待たせしました。

マ ニ キダリショッスムニダ
많이 기다리셨습니다.

😊 表現　直訳では「たくさん待たせました」。

☐ 少々お待ちください。

チャムシマン キダリョ ジュセヨ
잠시만 기다려 주세요.

☐ ただいま、おつなぎいたします。

パ ロ ヨンギョレ ドゥリゲッスムニダ
바로 연결해 드리겠습니다.

☐ お名前をうかがってもよろしいですか?

ソンハムル ヨッチュオ ボァド ドェルッカヨ
성함을 여쭤 봐도 될까요?

💡 プラスα　성함 ソンハム=お名前。이름 イルム=名前。여쭙다 ヨッチュプタ=うかがう
묻다 ムッタ=たずねる

☐ 申し訳ありません、もう一度よろしいでしょうか?

チョェソンハジマン ハンボン ド マルッスメ ジュシケッソヨ
죄송하지만 한번 더 말씀해 주시겠어요?

☐ お電話が少々遠いようですが。

チョノァガ チャル アン トゥルリヌンデヨ
전화가 잘 안 들리는데요.

😊 表現　直訳では「電話がよく聞こえないですが」。

☐ 電波が悪いようです。

チョンパ サンテガ アン チョウン ゴ ガタヨ
전파 상태가 안 좋은 거 같아요.

☐ 伝言を残していただけますか?

メ モ　ナムギョ　ジュシゲッソヨ
메모 남겨 주시겠어요?

😊 表現 　남기다 ナムギダ（残す）。남다 ナムタ（残る）

☐ 電話があったことをお伝えいただけますか?

チョノァガ　ワッソッタゴ　チョネ　ジュシゲッソヨ
전화가 왔었다고 전해 주시겠어요?

☐ またこちらからかけ直しますね。

タ シ　チェガ　チョノァルル　トゥリゲッスムニダ
다시 제가 전화를 드리겠습니다.

💡 プラスα 　다시 걸게요 タシ コルケヨ＝またかけます

☐ いつごろお戻りになりますか?

オンジェッチュム　トラオシムニッカ
언제쯤 돌아오십니까?

☐ 携帯の番号を教えていただくことは可能ですか?

ヘンドゥポン　ボノルル　チョム アル ス　イッスルッカヨ
핸드폰 번호를 좀 알 수 있을까요?

⭐カルチャー 　韓国では話したい人が席にいない場合、会社の人に携帯番号を聞くこともある。名刺に携帯電話の番号が書いてある場合が多い。

☐ もう少し大きな声でお願いできますか?

チョム ド クン　ソリロ　ブタクドゥリョド ドェルッカヨ
좀 더 큰 소리로 부탁드려도 될까요?

☐ チェ・チャンミンはただいま、ほかの電話に出ています。

チェチャンミン クァジャンニムッケソヌン チグム トンファ ジュンイシムニダ

최창민 과장님께서는 지금 통화 중이십니다.

⭐️カルチャー 韓国では必ず名前に役職をつける。日本と違って、外の人にも身内に敬称を使って話す。ここでは「チェ・チャンミン課長は」になる。

☐ あいにく席を外しています。

チグム チャリルル ビウショッスムニダ

지금 자리를 비우셨습니다.

⭐️カルチャー 韓国では席を外していることが、「あいにく」という状況ではないので、「今は席を外しています」という。

☐ よろしければご用件を承ります。

クェンチャヌシダミョン ヨンコヌル ヨッチュオ ボァド ドェルッカヨ

괜찮으시다면 용건을 여쭤 봐도 될까요?

💡プラスα 무슨 일로 전화하셨습니까? ムスン ニルロ チョナハショッスムニッカ＝どのようなご用件でお電話しましたか？

☐ 承りました。

アルゲッスムニダ

알겠습니다.

😊表現 알겠습니다 アルゲッスムニダ（承りました、承知しました、かしこまりました）

☐ 私ではわかりかねます。

チョヌン チャル モルゲッスムニダ

저는 잘 모르겠습니다.

😊表現 「わかりかねます」は잘 모르겠습니다 チャル モルゲッスムニダ（よくわかりません）

☐ パク・チミンに伝えます。

パクチミン ッシハンテ チョナゲッスムニダ

박지민 씨한테 전하겠습니다.

⭐️カルチャー 身内の人でも呼びすてにすることはないので、役職がない場合は씨 ッシ（～さん）をつけて話す。ここでは「パク・チミンさん」になる。

☐ 戻りましたら、お電話するように伝えます。

チャリロ トラオシミョン チョノァハラゴ チョナゲッスムニダ

자리로 돌아오시면 전화하라고 전하겠습니다.

📘文法 ～라고 ラゴ（～するように）

THEME 32 通信

パソコン

音声 2 -49

☐ 最新のノートパソコンを買ったよ。

チョェシン ノトゥブグル サッソ
최신 노트북을 샀어.

😊 表現 **노트북** ノトゥブク(ノートパソコン)

☐ パソコンがないと仕事にならない。

コムピュトガ オプスミョン イルル モ テヨ
컴퓨터가 없으면 일을 못 해요.

😊 発音 韓国では「パソコン」と言っても通じない。英語の発音に近い【**컴퓨터** コムピュト】と発音しよう。

☐ この書類を5部プリントアウトして。

イ ソリュルル タソッ ブ インセヘ ジュオ
이 서류를 다섯 부 인쇄해 줘.

😊 表現 「プリントアウトする」は**인쇄하다** インセハダ(印刷する)

☐ スキャンしてメールで送ってください。

スケネソ メイルロ ボネ ジュセヨ
스캔해서 메일로 보내 주세요.

🎵 発音 「スキャン」は【**스캔** スケン】と発音する。最後の「ン」は必ず舌が歯茎の後ろにつけて終わる「N」の発音になる。

☐ 電源が入ってないよ。

チョヌォニ アン キョジョ イッソ
전원이 안 켜져 있어.

😊 表現 **켜다** キョダは「つく」という意味で、ここでは否定の**안** アンといっしょに使って「電源がついてないよ」の意味に。

☐ 電源を入れても立ち上がらない。

チョヌォヌル ノ オド アン キョジョ
전원을 넣어도 안 켜져.

😊 表現 「立ち上がる」は「立つ、新しくスタートする」の意味で**일어서다** イロソダを使う。ここでは「(電源が)つかない」を**안 켜져**で表現している。

272

☐ 再起動してみよう。

재기동해 보자.
チェギドンヘ ボジャ

☐ 強制終了のやり方を教えて。

강제 종료 하는 법 좀 가르쳐 줘.
カンジェ ジョンニョ ハヌン ボプ チョム カルチョ ジュオ

☐ 画面がフリーズしちゃった。

화면이 다운돼 버렸어.
ファミョニ タウンドェ ボリョッソ

😊 表現 「フリーズする」は다운되다 タウンドェダ(ダウンになる)

☐ ウイルスに感染したみたい。

바이러스에 감염된 거 같아.
バイロス エ カミョンドェン ゴ ガタ

☐ 全部データが消えちゃった。

전부 데이터가 날라갔어.
チョンブ デイトガ ナルラガッソ

😊 表現 「データが消える」は데이터가 날라가다 デイトガ ナルラガダ(データが飛んでいく)

☐ がーん、保存するの忘れていた。

헉, 보존하는 걸 깜빡했어.
ホク ボショナヌン ゴル ッカムッパケッソ

☐ すぐに修理してくれるって。

바로 수리해 주겠대.
バロ スリヘ ジュゲッテ

KOREA REPORT ⑥

ハングルを
入力してみよう！

パソコンの設定

ハングルを入力するための、パソコンの設定方法を説明します。
（Windows10対応。機種によって違いがあります）

❶ スタートボタンをクリックし「設定」を選びます。

❷ 「時刻と言語」を選択し、「言語」タブをクリックします。

❸ 「優先する言語」の「言語の追加」(+)をクリックし、「韓国語」を検索、「次へ」をクリックします。

❹ 「言語機能のインストール」で「言語パックのインストール」にチェック。
「自分のWindowsの表示言語として設定する」を無効にし、「インストール」をクリック。

❺ 画面右下にあるIMEアイコンから「韓国語」を選びます。

スマートフォン iPhoneの設定

ハングルを入力するには、キーボード設定をする必要があります。
（バージョンによって異なります）

❶ ホーム画面の「設定」をタップします。

❷ 「一般」→「キーボード」→「各国のキーボード」をタップします。

❸ 画面下部の「新しいキーボードを追加」をタップしたあと、「韓国語」を
タップしたら設定完了です。

スマートフォン アンドロイドの設定

ハングルを入力するには、ハングル入力アプリケーション「Google
Korean IME」をインストールしてから設定する必要があります。

❶ 「Google Play」のページ内で「Google Korean IME」を検索してタップします。

❷ 「同意してダウンロード」をタップするとインストールが始まります。

❸ インストール後、ホーム画面から「設定」をタップします。

❹ 「言語とキーボード」を選択し、「文字入力設定」内、「Korean
Keyboard」をタップしたら設定完了です。

入力の仕方

では、実際に入力してみましょう。パソコン、スマートフォンとも入力方法は同じです。ここではパソコンのキーボードを参考にしながら解説します。

❶ 「마」と入力するには、まず子音の「ㅁ」キーを押します。続けて母音の「ㅏ」キーを押すと「마」になります。

❷ 「만」と入力するには、まず子音の「ㅁ」キーを押します。続けて母音の「ㅏ」キーを押すと「마」になりますが、さらに「ㄴ」キーを押すと「만」になります。

❸ 「빼」と入力するには、まず「Shift」キーを押しながら、子音の「ㅂ」キーを押すと「ㅃ」になります。続けて「Shift」キーを押しながら、母音の「ㅐ」キーを押すと「ㅒ」になります。

❹ 「했」と入力するには、まず子音の「ㅎ」キーを押します。続けて母音の「ㅐ」キーを押すと「해」になります。さらに「Shift」キーを押しながら子音の「ㅅ」キーを押すと「했」になります。

❺ 「와」と入力するには「ㅇ」キーのあとに「ㅗ」キー、続けて「ㅏ」キーを入力します。

❻ 分かち書きのスペースを入力するには、スペースキーを押します。半角スペースが入ります。

☐ メールアドレスを教えて。

メ이 ル チュソルル カルチョ ジュオ
메일 주소를 가르쳐 줘.

😊 表現 「メールアドレス」は메일 주소 メイル チュソ（直訳：メール住所）

☐ メールを送りました。

メ イ ル ル ボ ネッソ ヨ
메일을 보냈어요.

🌑 文法 보내다 ポネダ（送る）。보내요 ポネヨ（送ります）。보냈어요 ポネッソヨ（送りました）

☐ メール届いてますか?

メ イ ル ト チャケッ ソ ヨ
메일 도착했어요?

🌑 文法 도착하다 トチャカダ（到着する）。도착해요 トチャケヨ（到着します）。도착했어요 トチャケッソヨ（到着しました）

☐ さっそく返信をありがとうございます。

バ ロ タプチャン チュショソ カ ム サ ハ ム ニ ダ
바로 답장 주셔서 감사합니다.

☐ 届いてません。

トチャク ア ネッソ ヨ
도착 안 했어요.

☐ 迷惑メールのボックスに入っていたよ。

ス ペ マ メ トゥロ ガ イッソッソ
스팸함에 들어가 있었어.

😊 表現 스팸함 スペマム（迷惑メールボックス〈直訳：スパム箱〉）

◯ まちがえて違う人に送っちゃった！

シルスロ タルン サラメゲ ボネ ボリョッソ
실수로 다른 사람에게 보내 버렸어!

😊 表現 ミスをしたときの「まちがって」は**실수로** シルスロ(ミスで、誤って)

◯ アドレスをまちがえたかな？

メイル チュソルル チャルモッ チョゴンナ
메일 주소를 잘못 적었나?

😊 表現 **잘못** チャルモッ(まちがって)と**적었나?** チョゴンナ(書いたかな?)がいっしょに使われ、「まちがえたかな?」の意味になっている。

◯ メールアドレスを変更しました。

メイル チュソルル ビョンギョンヘッソヨ
메일 주소를 변경했어요.

◯ 添付ファイルがひらけません。

チョムブ バイリ アン ニョルリョヨ
첨부 파일이 안 열려요.

💡 プラスα ~**이 열리다** イ ヨルリダ=~がひらく、あく。 ~**을 열다** ウル ヨルダ=~をあける

◯ 文字化けしちゃってるよ。

クルチャガ ッケジョッソ
글자가 깨졌어.

😊 表現 直訳では「文字が割れた」。

◯ CCで送っておいてください。

チャムジョロ ボネ ノァ ジュセヨ
참조로 보내 놔 주세요.

💡 プラスα **참조** チャムジョ=CC(直訳:参照)。 **숨은참조** スムンチャムジョ=BCC(直訳:隠れた参照)

◯ メールを送ってもエラーで返ってくるよ。

メイルル ボネド エロメイリ トラワ
메일을 보내도 에러메일이 돌아와.

☐ カカオトークやってる?

カ カ オ ト ケ
카카오톡 해?

☐ IDを教えて。

アイディ カ ル チョ ジュォ
ID 가르쳐 줘.

☐ ラインよりカカオトークをよく使います。

ラ イ ン ボ ダ カ カ オ ト グ ル チャジュ サ ヨ ン ヘ ヨ
라인보다 카카오톡을 자주 사용해요.

★ カルチャー 韓国ではLINEの利用者はとても少なく、ほとんどの人がカカオトークを利用している。

☐ 既読スルーか。

イルゴンヌンデ ム シ ハ ネ
읽었는데 무시하네.

💡 プラスα カカオトークの既読の表示は**읽음** イルグ厶(読み)という。

☐ おもしろいスタンプだね。

チェミインヌン イ モ ティ コ ニ ネ
재미있는 이모티콘이네.

😀 表現 **이모티콘** イモティコンはemoticon(絵文字)の韓国語読み。日本語の「スタンプ」の意味で使われる。

☐ おすすめのゲームアプリを教えて。

チュチョン ケ イ ム エ ブ アルリョ ジュォ
추천 게임 앱 알려 줘.

◯ 電車での通話はできるだけ静かにね。

チョンチョレソエ トンファヌン カヌンハン チョヨンヒ
전철에서의 통화는 가능한 조용히.

⭐カルチャー 韓国では電車や地下鉄で携帯電話の使用は禁止されていない。ただし、マナーとして静かに通話するようにしよう。

◯ バッテリーが少なくなってきた。

ベトリガ チョグムバッケ オプソ
배터리가 조금밖에 없어.

😊 表現 「少なくなった」という韓国語で적어지다 チョゴジダもあるが、バッテリーでは조금밖에 없다 チョグムバッケ オプタ(少ししかない)という表現が使われる。

◯ 電波が悪いね。

チョンパガ アン チョンネ
전파가 안 좋네.

◯ 着信があった。

チャクシニ イッソッソ
착신이 있었어.

💡プラスα 착신 チャクシン＝着信。수신 スシン＝受信

◯ 着信拒否しちゃった。

チャクシン コブ ヘッソ
착신 거부했어.

スマホ・携帯

◯ 写真は猫ばっかりだよ。

サジヌン コヤンイップニヤ
사진은 고양이뿐이야.

📖 文法 ～뿐이다 ップニダ(～ばっかりだ)

◯ カメラアプリで修正してくれるから大丈夫。

カメラ エベソ スジョンヘ ジュニッカ クェンチャナ
카메라앱에서 수정해 주니까 괜찮아.

🎵 発音 「アプリ」は【앱 エプ】と発音する。

KOREA REPORT ⑦

略語一覧表

略語	原文	意味
ㅠㅠ／ㅜㅜ		「うぇ〜ん」「うぇん」
ㅋㅋ	크크 ク ク	「WWW」「笑」
ㅎㅎ	하하 ハ ハ	「ふふふ」
ㅇㅇ	응응 ウンウン	「うんうん」
ㅂㅂ	바이바이 バ イ バ イ	「バイバイ」
ㄷㄷ	덜 덜 トゥルドゥル	ブルブル震えている様子
ㅇㅋ	오케 オ ケ	「オッケー」
ㅅㄱ	수고 ス ゴ	「お疲れ、頑張って」
ㅊㅋ	축하 チュ カ	「おめでとう」
ㄱㅅ	감사 カッ サ	「ありがとう」
ㅁㅇ	미안 ミ アン	「ごめん」
ㄹㅇ	레알 レ アル	「本当に マジ」
ㄱㅊ	괜 찮 다 クェンチャン タ	「大丈夫」
ㅇㄷ	어디야？ オ ディ ヤ	「いまどこ?」

韓国人のメールやSNSの書き込みを見てみると、略語がたくさん使われています。一覧表を見て、略語を読んでみましょう。

팬미 같이 가자! / ファンミいっしょに行こう!

ㅁㅇ

못 갈 거 같아 / いっしょに行けない

ㅠㅠㅠㅠㅠㅠ

ㅠㅠㅠㅠ

ㅇㅋ

사진 보내 줄게 / 写真送るね

ㅇㅇ

ㄱㅅ

略語	原文	意味
ㅇ?	왜?（ウェ）	「なぜ?」
ㅇㅈ	인정（インジョン）	「認定、同意」
ㄱㄷ	기다려주세요（キダリョジュセヨ）	「待って」
ㅁㄴ	매너（メノ）	「マナー」
ㅉㅉ	쯧 쯧（ツチェッツチェッ）	「舌を鳴らす音」
ㄱㄱ	고고（ゴゴ）	「GoGo」
ㄴㄴ	노노（ノノ）	「NoNo」
멘붕（メンブン）	멘탈붕괴（メンタルブングェ）	「メンタル崩壊」
헐（ホル）		「え!?」「は〜!ええ…」

☐ オークションの商品が届かない。

옥션 상품이 도착을 안 해.
オクション サンプミ トチャグル ア ネ

😊 **表現** 「届く」は**도착하다** トチャカダ（到着する）

☐ 添付ファイルをひらいたら、ウイルス感染しちゃった。

첨부 파일을 열었더니 바이러스 감염이 됐어.
チョムブ パイルル ヨロットニ バイロス カミョミ トェッソ

😊 **発音** 「ウイルス」の韓国語は英語の発音に近い**바이러스** パイロス（virus）

☐ コメント欄が炎上してる。

인터넷 댓글을 뜨겁게 달구고 있어.
イントネッ テックルル ットゥゴプケ タルグゴ イッソ

😊 **表現** 直訳では「ネットのコメントが炎上している」。「悪質な書き込み、悪意のあるコメント」は**악플** アクプルという。

☐ 個人情報が流出した。

개인 정보가 유출됐어.
ケイン チョンボガ ユチュルドェッソ

☐ なぜかブロックされたよ。

왜 그런지 차단됐어.
ウェ クロンジ チャダンドェッソ

😊 **表現** 「なぜか」は**왜 그런지** ウェ クロンジ（なぜそうなのか）

☐ サーバーがダウンしているみたい。

서버가 다운 된 거 같아.
ソボガ タウン ドェン ゴ ガタ

☐ 私の撮った写真が勝手に使われている！

<ruby>내<rt>ネ</rt></ruby>가 <ruby>찍은<rt>ッチグン</rt></ruby> <ruby>사진이<rt>サ ジ ニ</rt></ruby> <ruby>함부로<rt>ハ ム ブ ロ</rt></ruby> <ruby>사용되고<rt>サ ヨ ン ドェゴ</rt></ruby> <ruby>있어<rt>イッソ</rt></ruby>!

😊 **表現** 「勝手に」は「無断で、許可もなく、適当に」の意味の**함부로** ハムブロと、「心のままに、好き勝手に」の意味の**마음대로** マウムデロがある。

☐ 女性かと思ったら男だったなんて！

<ruby>여자라고<rt>ヨ ジャ ラ ゴ</rt></ruby> <ruby>생각했는데<rt>センガケンヌンデ</rt></ruby> <ruby>남자였다니<rt>ナムジャヨッタニ</rt></ruby>!

☐ 写真と実物が全然違う……。

<ruby>사진하고<rt>サ ジ ナ ゴ</rt></ruby> <ruby>실물하고<rt>シ ル ム ラ ゴ</rt></ruby> <ruby>전혀<rt>チョニョ</rt></ruby> <ruby>달라<rt>タ ル ラ</rt></ruby>...

☐ ツイッターはもうやめちゃった。

<ruby>트위터<rt>トゥウィト</rt></ruby> <ruby>이제<rt>イ ジェ</rt></ruby> <ruby>그만뒀어<rt>クマンドォッソ</rt></ruby>.

☐ 今はインスタしかやってないよ。

<ruby>지금은<rt>チ グ ム ン</rt></ruby> <ruby>인스타밖에<rt>インスタバッケ</rt></ruby> <ruby>안<rt>ア</rt></ruby> <ruby>해<rt>ネ</rt></ruby>.

📖 **文法** 「～しか」の**밖에** パッケは必ず否定文といっしょに使われる。

☐ 写真にいいね！ 押してね。

<ruby>사진에<rt>サ ジ ネ</rt></ruby> <ruby>좋아요<rt>チョ ア ヨ</rt></ruby>! <ruby>눌러<rt>ヌ ル ロ</rt></ruby> <ruby>줘<rt>ジュオ</rt></ruby>.

☐ ハッシュタグをつけなきゃ。

ヘ シ テグ　タ ラ ヤ　ヘ
해시태그 달아야 해.

💡 プラスα 태그 달아도 돼? テグ タラド ドェ＝タグつけてもいい?

☐ フォローしたよ。

パ ル ロ ウ　ヘ ッ ソ
팔로우 했어.

💡 プラスα 팔로우 パルロウ＝フォロー。언팔로우 オンパルロウ＝フォローをやめること。
선팔 ソンパル＝先にフォローすること。맞팔 マッパル＝フォローしあうこと

☐ 自撮りをいっぱいあげてるよ。

セ ル カ　サ ジン　マ ニ　オルリョンネ
셀카 사진 많이 올렸네.

😊 表現 셀카 セルカは셀프 카메라 セルプ カメラ(セルフ カメラ)の略語。

☐ コメントありがとう！

テックル　コ マ ウォ
댓글 고마워!

😊 表現 댓글 テックル(コメント、書き込み)

☐ 友だち申請したよ。

チ ング　シンチョン　ヘ ッ ソ
친구 신청 했어.

☐ SNS中毒だよ。

エスエンエス チュンドギャ
SNS 중독이야.

☐ 知らない人には公開していないよ。

モ ル ヌン　サ ラ メ ゲ ヌン　コン ゲ　ア　ネ
모르는 사람에게는 공개 안 해.

💡 プラスα 비공개 ピゴンゲ＝非公開

☐ K-POPアイドルの情報はツイッターから得ているよ。

ケイ パブ アイ ド ル チョンボヌン トゥウィトエソ オッコ イッソ
케이팝 아이돌 정보는 트위터에서 얻고 있어.

📖 **文法** ～고 있다 ゴイッタ（～している）

☐ パスワードを忘れちゃった。

ビミルボノルル イジョボリョッソ
비밀번호를 잊어버렸어.

😊 **表現** 「パスワード」は비밀번호 ピミルボノ（暗証番号）

☐ SNSで知り合った人たちとオフ会をしたよ。

エスエンエスエソ アルゲ テン サラムドゥラゴ チクチョプ マンナムド カジョ
SNS에서 알게 된 사람들하고 직접 만남도 가져.

😊 **表現** 「オフ会」は직접 만남도 가지다 チクチョプ マンナムド カジダ（直接会う時間を持つ）

☐ 最近、おすすめのサイトある?

ヨジュメ チュチョナヌン サイトゥ イッソ
요즘에 추천하는 사이트 있어?

☐ あのアイドルのブログ読んだ?

チョ アイ ド ル プルログ イルゴッソ
저 아이돌 블로그 읽었어?

🎵 **発音** 「ブログ」は【블로그 プルログ】と発音する。

☐ この動画、超かわいいよ!

イ トンヨンサン チンッチャ クィヨウォ
이 동영상 진짜 귀여워!

😊 **表現** 「動画」は동영상 トンヨンサン（直訳：動映像）

☐ インスタのフォロワーが500人いるよ。

インスタ パルロウォヌン オベン ミョン イッソ
인스타 팔로워는 오백 명 있어.

💡 **プラスα** 팔로워 パルロウォ＝フォロワー。팔로잉 パルロイン＝自分でフォローすること

数字・単位

数字・単位

音声 2 -54

☐ 駅から会社まで1キロは歩きます。

ヨゲソ　フェサッカジ　イル　キロヌン　コロヨ
역에서 회사까지 일 키로는 걸어요.

☐ 身長は185センチです。

キヌン　ペク　パルシボ　センティイェヨ
키는 백 팔십오 센티예요.

💡 プラスα 키 キ＝背

☐ 髪を10センチは切ったよ。

モリルル　シプ　センティヌン　チャルラッソ
머리를 십 센티는 잘랐어.

💡 プラスα 머리카락 モリカラク＝髪の毛

☐ この冬の最低気温はマイナス5度だって。

イボン　キョウル　チェジョ　キオヌン　マイノス　オ　ドレ
이번 겨울 최저 기온은 마이너스 오 도래.

💡 プラスα 최고 기온 チェゴ キオン＝最高気温

☐ 海苔巻きを2本買ってきたよ。

キムパブル　トゥ　ジュル　サ　ワッソ
김밥을 두 줄 사 왔어.

📖 文法 単位の「本」は鉛筆など筆記具のときは**자루** チャル、花のときは**송이** ソンイ、木のときは**그루** クルという。

☐ 高速道路の制限速度は120キロです。

コソクトロ　チェハンソクトヌン　ペ　ギシプ　キロイェヨ
고속도로 제한속도는 백 이십 키로예요.

☐ 1億円の借金を全部返済しました。

イ ロゲン ビチュル チョンブ カバッソヨ
일 억엔 빚을 전부 갚았어요.

> 🔵 プラスα 갚다 カプタは「(お金)を返す」の意味。「返済」は漢字語の변제 ビョンジェもある
> が、少し硬い表現。

☐ 白菜を5つ買ってきて。

ベチュ タソッ ポギ サ ワ
배추 다섯 포기 사 와.

> 🔴 文法 포기 ポギは「(草・野菜などの)株」の意味。

☐ 湖に白鳥が1羽いるよ。

ホ ス エ ベクチョガ ハン マ リ イッソ
호수에 백조가 한 마리 있어.

> 🔴 文法 마리 マリは動物・昆虫・魚などを数える単位で「匹、羽、頭、尾」で使われる。

☐ 猫を3匹飼っています。

コヤンイルル セ マ リ キ ウ ゴ イッソヨ
고양이를 세 마리 키우고 있어요.

☐ 結婚祝いに一対のおしどりの置物を贈ります。

キョロン チュ カ ロ ハン ッサンエ ウォナンセ チャンシクプムル ソンムレヨ
결혼 축하로 한 쌍의 원앙새 장식품을 선물해요.

> ⭐カルチャー 日本では仲のいい夫婦を「おしどり夫婦」というが、韓国では잉꼬부부 インッコ
> ブブ(インコ夫婦)という。

☐ 小説1冊貸してくれる?

ソソルチェク ハン グォン ビルリョ ジュルレ
소설책 한 권 빌려 줄래?

☐ 100枚ずつコピーしておいてください。

ベッ ッチャンッシク ポクサヘ ノ ウ セ ヨ
백 장씩 복사해 놓으세요.

> 😊 表現 「コピーする」は複写するの漢字を使って복사하다 ポクサハダという。「コピー
> 機」は복사기 ポクサギ。

著者

李恩周　イ ウンジュ

立命館大学、同大学院日本語教育学修士課程卒業。文部省国費留学生。第17代京都府名誉
友好大使。ヘッドハンティング会社と商社勤務を経て、NHK文化センター、アイケーブリッジ
外語学院などで韓国語講師を務める。通訳・翻訳者、韓国語ナレーター。日本外国語専門
学校の教職員としても活躍。

〈著書〉『すぐに使える！　韓国語 日常フレーズBOOK』（高橋書店）
　　　　『もっと使える！もっと楽しい！ 韓国語 ビジュアル単語集』（高橋書店）

〈共著〉『シゴトの韓国語応用編』（三修社）

何でも韓国語で言ってみる！

シンプル韓国語フレーズ1500 音声DL版

著　者　李恩周
発行者　高橋秀雄
発行所　**株式会社 高橋書店**
　　　　〒170-6014 東京都豊島区東池袋3-1-1 サンシャイン60 14階
　　　　電話　03-5957-7103

ISBN978-4-471-11457-2　©TAKAHASHI SHOTEN　Printed in Japan

定価はカバーに表示してあります。

本書の内容についてのご質問は「書名、質問事項（ページ、内容）、お客様のご連絡先」を明記のうえ、
郵送、FAX、ホームページお問い合わせフォームから小社へお送りください。
回答にはお時間をいただく場合がございます。また、電話によるお問い合わせ、本書の内容を超えた
ご質問にはお答えできませんので、ご了承ください。
本書に関する正誤等の情報は、小社ホームページもご参照ください。

【内容についての問い合わせ先】
　書　面　〒170-6014 東京都豊島区東池袋3-1-1 サンシャイン60 14階
　　　　　高橋書店編集部
　FAX　03-5957-7079
　メール　小社ホームページお問い合わせフォームから （https://www.takahashishoten.co.jp/）

【不良品についての問い合わせ先】
　ページの順序間違い・抜けなど物理的欠陥がございましたら、電話03-5957-7076へお問い合
　わせください。ただし、古書店等で購入・入手された商品の交換には一切応じられません。